LES INCONVÉNIENTS

DE

VOYAGES

SUR

LES CHEMINS DE FER

PAR

UN EX-CHEF DE TRAIN

PARIS

AMYOT, LIBRAIRE-ÉDITEUR,

8, RUE DE LA PAIX, 8

1862

LES
INCONVÉNIENTS DE VOYAGES

SUR

LES CHEMINS DE FER

PARIS. — IMP. SIMON RAÇON ET COMP., RUE D'ERFURTH, 1.

LES INCONVÉNIENTS

DE

VOYAGES

SUR LES

CHEMINS DE FER

PAR

UN EX-CHEF DE TRAIN

PARIS

CHEZ TOUS LES LIBRAIRES

excepté

DANS LES BIBLIOTHÈQUES DE CHEMINS DE FER

—

1862

A ROSSINI.

Il n'était permis qu'à l'illustre *maestro* qui, après tant de chefs-d'œuvre, enfanta *Guillaume Tell*, de persister à ne jamais voyager qu'en chaise de poste.

Pour moi, ô grand homme ! qui aimais tant à aller me délasser les oreilles du strident sifflet de la locomotive — j'en serais devenu sourd — en écoutant vos divines mélodies, je ne puis mieux vous prouver ma reconnaissance de *dilettante*, qu'en vous dédiant ces pages, simple souvenir de mon ancien métier.

Je suis persuadé au moins d'une chose : c'est qu'après avoir lu ce livre..... vous persisterez plus que jamais à ne jamais monter dans un wagon ! Cette logique habitude n'aura pas même manqué à la gloire d'une des plus grandes illustrations de ce siècle.

X***

Ex-chef de train mélomane.

INTRODUCTION

Autres temps, autres mœurs!

Est-elle donc si éloignée de nous cette époque où les dessins d'un caricaturiste célèbre tapissaient les murs de Paris, à la grande joie des amateurs du *musée en plein vent*, que le fameux Martinet avait établi, rue du Coq-Saint-Honoré, tout juste en face le musée du Louvre!

Où est le temps de cette charmante comédie, si pleine d'actualités, divisée en tableaux d'une ressemblance frappante, et admirablement jouée par le célèbre acteur Potier, sur le théâtre des Variétés?

Tout cela avait pour titre, non trompeur : *Les Inconvénients d'une diligence!*

C'était la nature prise sur le fait : un vrai *procès-verbal de la pensée agonisante*, comme dirait Victor Hugo; un des chapitres les plus amusants de cette éternelle odyssée qu'on appelle : *les petites misères de la vie humaine!*

Hélas! nous marchons vite aujourd'hui, grâce aux chemins de fer!

Il ne s'agit plus, entre nous, de petites misères, mais bien de grandes calamités.

Un voyage en chemin de fer ne prête plus à la plaisanterie! C'était bon autrefois quand on allait en diligence ou en

malle-poste. Que pouvait-on avoir à craindre en effet? De verser ou d'être attaqué
par des voleurs...

Aujourd'hui qu'on supprime les passe-
ports, le voyageur en chemin de fer doit toujours se munir de son testament, pour con-
stater son identité, *en cas de mort subite!*...

Les morts vont vite, dit la ballade alle-
mande. — Oui! surtout à toute vapeur,
grande vitesse!...

On a souvent raconté comme quoi les
habitants voisins d'un chemin vicinal, qui
était à réparer depuis vingt ans, n'obtin-
rent une allocation de fonds, par le conseil
général du département, qu'en aidant eux-
mêmes à verser la voiture de M. le préfet.

Il a fallu aussi l'épouvantable assassinat
d'un magistrat, président d'une cour supérieure de l'Empire, pour que l'autorité,
d'ailleurs vigilante, jetât enfin les yeux sur

les dangers qu'offre le système vicieux de nos *rail-ways* depuis vingt-cinq ans!...

Cependant la publicité des journaux, souvent si utile dans les questions qui touchent aux améliorations, a presque gardé le silence sur les mesures à prendre afin d'empêcher le renouvellement de telles atrocités.

Pourquoi donc ces réticences?

Je vais vous le dire avec franchise et indépendance, au risque de faire *éreinter* mon livre par une partie de la presse parisienne, ce qui devrait lui mériter à ce livre, soit dit en passant, un de ces prix de vertu fondés par feu de Montyon! (*Avis à l'Académie française*[1].)

[1] Il faut rendre à César ce qui lui appartient; le *Constitutionnel* a ouvert tout récemment ses colonnes aux plaintes réitérées du public de chemins de fer, et le *Siècle* a suivi ce bon exemple.

Écoutez-moi, et *suivez mon raisonne-ment* (mot familier aux acteurs du Palais-Royal).

Le gaz a eu longtemps ses détracteurs! comme la vaccine... comme les machines... comme tout ce qui est un bienfait des temps modernes.

La peur invente des arguments pour combattre les inventions les plus utiles; même celles qui ont un brevet *s. g. d. g.*

Or les chemins de fer devaient payer leur dette à ces paniques populaires, si vivaces dans notre pays intelligent.

Le funeste événement du 8 mai 1842, sur le chemin de la rive gauche, l'horrible catastrophe de Fampoux, sur la ligne du Nord, etc., etc., avaient jeté l'effroi dans tous les cœurs et engendré ces exagérations fréquentes, ces récits mensongers et absurdes qui troublent le repos des familles, paralysent l'industrie et empêchent souvent le développement des essais, même les plus heureux dans leurs débuts.

La presse périodique avait pressenti l'inconvénient d'une publicité qui peut étendre le mal, comme une tache d'huile s'étend sur l'étoffe et ne s'efface plus. Elle a été *modérée* : elle a bien fait !

Ainsi, désormais, si un accident arrive sur un chemin de fer, les journaux attendent du secrétariat de l'administration un *compte rendu* de l'événement, et c'est à l'action de la justice à compléter, par une instruction lente et sage, ce qui manque à ces premiers détails, dictés, il est vrai, par la partie intéressée, mais exacts quant aux causes, s'ils ne le sont pas toujours sur leurs tristes conséquences.

Cela a son avantage : *Il le fallait!* selon un philosophe du dix-neuvième siècle.

Mais si les journalistes s'étaient bornés à une prudente retenue, à une discrétion aussi louable; qui oserait se plaindre de leur silence?

Un pamphlétaire dirait qu'on a *acheté le silence*. Ce serait calomnier des écrivains souvent estimables.

Nourri dans le sérail, j'en connais les détours.

Honnête et modeste employé de chemins de fer, si j'ai donné ma démission, c'est seulement parce que ma vie, trop précieuse de père de famille, était chaque jour exposée à mille dangers. Et pour combien? — Un modique salaire de huit cents francs par an, avec retenue pour la caisse de secours et l'habillement!

Non! je dis : le journalisme est un enfant, et qui plus est un enfant gâté. Jugez plutôt si c'est un sophisme?

Vous est-il arrivé, lecteur, riche ou pauvre, hardi oü poltron, de vouloir voyager *gratis pro Deo?*

Votre pétition fût-elle apostillée par un ministre, voire même du nom de l'Empereur[1], vous échouerez.

Le comité de direction répond par cette formule : « Qu'une compagnie est une entreprise privée, remplaçant aujourd'hui les roulages et les messageries, en France. Or, ajoutent les administrateurs, avec quoi payerons-nous des dividendes à nos actionnaires, si on ne nous paye pas nos places? »

Voyez-vous le *boniment?....*

Axiome : « Voulez-vous passer, payez! »

Bilboquet aurait dit : « *Cette maxime est neuve, mais elle est désolante!...* »

[1] Voir dans les cartons des secrétariats les pétitions en prose ou en vers. (*Note historique.*)

Mais par contre : avez-vous pour cousin, au dix-huitième degré, un journaliste?

Votre enfant a-t-il pour parrain l'arrière-grand-oncle d'un feuilletoniste ou d'un chroniqueur?

Avez-vous eu le bonheur de loger au sixième étage, au-dessus d'un entresol, habité par M. le rédacteur en chef d'une grande feuille?

« *Oh! alors c'est bien différent!* » vous chante Henri Monnier. Muni d'une lettre qui porte l'en tête du cabinet du directeur ou du secrétaire de la rédaction du journal, vous pouvez hardiment vous présenter en personne. Les portes s'ouvriront devant vous, à deux battants; les garçons de bureaux vous salueront bien bas; les employés vous souriront, la plume sur l'oreille, et le chef vous dira de vous asseoir!

Alors on vous délivrera un permis :
traduisez ce mot : billet de faveur à toutes
places, sans supplément!

Avec cela vous voyagerez en express, si
vous le préférez aux trains-omnibus. — Et
n'y eût-il qu'un seul wagon libre, il doit
être pour vous.

Lorsqu'en arrivant, tout essoufflé, au
son de la cloche du départ, vous voyez une
portière ornée d'une plaque de fer-blanc,
d'où ressortent ces mots fatals au voyageur tardif : *caisse réservée!* vous n'avez
qu'à présenter votre permis et instantané-
ment le chef de gare, comme si on lui
avait dit : *Sézame, ouvre-toi!...* vous ôtera
sa casquette brodée d'argent, et cela avec
grâce et obséquiosité, fussiez-vous habillé
comme Chodruc-Duclos voyageant pour
son plaisir!

Une fois dans la voiture (de *première*

classe, bien entendu), vous pouvez fumer, cracher, gronder, jurer, critiquer à votre aise, interpeller, à chaque station, les employés, si discrets d'habitude, et même un peu rudes au pauvre public payant!

Le mot d'ordre étant donné sur toute la ligne, on vous répondra *ad rem*, quelque saugrenues que puissent être vos questions. — Au besoin le télégraphe aura joué son rôle pour annoncer que le convoi transporte : *un journaliste!* Mot plus effrayant, à ce qu'il paraît, que le nom d'un inspecteur général du matériel ou de l'exploitation. Je crois même que le président du conseil d'administration passerait plus inaperçu sur le parcours. — Je m'étonne qu'on n'ait pas encore tiré le canon : cela viendra peut-être dans notre siècle de progrès et de lumières!

Le lecteur va crier à l'hyperbole! —

C'est de la *surcharge*, diront les peintres et les étudiants du quartier latin.

Eh bien! non, c'est de la *vérité vraie*, comme en faisait M. de Talleyrand, à ses moments perdus.

Pour peu que vous soyez actionnaire (pardon, ô lecteur! d'une hypothèse qui peut blesser votre amour-propre), faites-vous représenter le compte des permis délivrés dans l'exercice d'une année. Vous reculerez épouvanté devant les chiffres accusateurs. — Il ne s'agit rien moins que de *millions*[1]!...

Nommez donc aux assemblées générales des commissions pour l'examen des comptes! Autant les placer devant une

---

[1] En comptant les réductions accordées à l'armée, aux fonctionnaires publics, d'après les cahiers des charges. Mais les permis *gratuits* forment une somme énorme par exercice. (*Historique.*)

locomotive allumée : ces commissaires *n'y verront que du feu!*

Ceci dit, quel immense avantage procure donc toute cette presse *en* mouvement[1]?

Je vais répondre par des faits, autrement dit l'anecdote de circonstance :

« Un jour que ma femme était malade en province, son médecin lui ordonna l'air de Paris, *à l'hospice!*

« J'obtins de mon chef de service la faveur d'une demi-place pour ma pauvre moitié, d'après les règlements en vigueur.

« Durant les deux heures que je fis antichambre, à Paris, au secrétariat général,

---

[1] Remarquez qu'il ne s'agit pas de la presse *du* mouvement. Dans une caisse destinée à ces charmants et spirituels touristes, vous seriez surpris de voir le *Constitutionnel* croiser les pieds avec l'*Ami de la Religion*, les *Débats* offrir un cigare au *Siècle*, et le *Figaro* céder sa place au *Tintamarre*.

dispensateur obligé de ces demi-faveurs,
je vis d'abord un peintre célèbre, M. L...
L'artiste passa le premier et sortit avec
une passe pour lui, sa femme, sa petite
fille et une domestique! »

Excusez du peu! Mais la chronique
scandaleuse a raconté comme quoi ce
peintre ayant fait les portraits d'un employé supérieur aujourd'hui décédé et de
ses deux charmantes filles, n'a pu encore
voir arriver le quart d'heure de Rabelais
de ses trois modèles! Passons...

« Deux sœurs de charité, munies d'une
lettre d'obédience de leur supérieure, de-
mandaient une place de troisième, pour
une orpheline paralytique. On les fit s'asseoir à côté de moi, sur la banquette des
solliciteurs! Impatientées d'attendre, ces
angéliques créatures s'en allèrent sans
murmurer une plainte!

« Puis vint une mendiante, fiévreuse et hâve, flanquée de deux petits enfants déguenillés. Elle tendit au garçon de bureau (insolent comme l'exige cette noble institution), un certificat du bureau de charité. Le garçon entra dans les bureaux, et s'en revint pour dire :

« — Il vous faudrait un passe-port d'indigent avec secours de route. Revenez demain.

« — Demain ! bon Dieu ! s'écrie la pauvresse, où irai-je coucher ce soir ?

« — J'en suis fâché, fit le superbe fonctionnaire, ce n'est pas ici un bureau de bienfaisance.

« — *Hélas ! je le vois bien*, dit la pauvre mère en partant !

« Le mot était profond et triste. Je l'ai retenu.

« Au même instant, la jolie petite bonne

d'un de nos poëtes et critiques influents, apporta une lettre de son maître, demandant à être voituré jusqu'à Baden-Baden, où *Baden bis*, comme disent les malins Allemands.

« Le billet fut servi chaud. »

Après cela étonnez-vous qu'aux premières représentations, dans chaque théâtre, le balcon soit occupé par un chef du secrétariat, un inspecteur du matériel et de la traction, un chargé du contentieux, etc., etc.

Vous connaissez la maxime : *Par pari refertur !* Quand j'étais conducteur, chez Laffitte et Caillard, on disait : *Par Paris, préfecture...* mais j'ai appris le latin au chemin de fer de ***, où il y a des savants.

Or, que l'on convie la presse aux pièces nouvelles, c'est le droit de la critique, mais qui me dira pourquoi il faut qu'un convoi ait au moins *un folliculaire* attaché à son service?

Est-ce pour raconter les péripéties de chaque voyage à ses abonnés, afin de leur donner l'envie des pérégrinations?

Ma foi, pas si mal vu!... Pends-toi, Bilboquet! tu n'avais pas songé à cette *banque!*

J'eus l'honneur, en 1858, d'accompagner le train de plaisir qui transportait les états-majors de tous les journaux de Paris, en Allemagne et en Suisse.

De quelle fine fleur de la chronique, du feuilleton et du premier-Paris, le chef du secrétariat n'eut-il le bonheur d'être le *cicerone!*

Que de bons mots, de spirituelles reparties, d'observations locales, de cigares, de vins de Champagne et de vins du Rhin, n'a-t-on pas dépensés dans cette odyssée littéraire!

Ce voyage de *circumnavigation* (moins curieux et moins funeste toutefois que celui de l'infortuné Dumont-d'Urville périssant, le 8 mai 1842, dans un wagon incendié), avait coûté fort cher! — Qui paya les violons?

Oh! quelle question indiscrète!

A quoi servirait donc d'avoir des actionnaires?

A quoi bon Béranger aurait-il accordé, sur sa lyre, ces paroles toujours vraies :

> Pauvres moutons, ah! vous avez beau faire!
> Toujours on vous tondra!

Et dire que cette famille si intéressante et si stupide de bipèdes, connue sous la nomenclature d'*actionnaires* (Cuvier a oublié de la classer), nomme tous les ans, à l'assemblée générale, *une commission d'examen des comptes*, comme on l'a vu plus haut [1]!

Mais enfin, me dira-t-on, où voulez-vous en venir?

Permettez-moi encore et pour toute réponse une autre anecdote, historique et funèbre :

« Le fourgon de bagages d'un train direct, venant de la frontière prussienne, prend feu, quatre malheureuses femmes, une princesse russe, entre autres, voyant les flammes, se rappellent l'accident de la rive gauche; elles se précipitent avant que la machine soit arrêtée, et périssent victimes de leur chute violente! »

On parle d'un procès à intenter à l'ad-

[1] Ces commissaires sont *gratuits*. Mais ils ont *permis permanent sur tout le réseau :* aussi voyagent-ils sans cesse, pour leur agrément et leur devoir.

ministration! Le lendemain de l'accident on lisait dans le *Figaro :*

« Est-ce qu'on a jamais fait un procès à la colonne Vendôme, parce qu'un fou se serait jeté de sa plate-forme sur le pavé! »

C'était aussi spirituel que logique, avouons-le. — Or, le jour même de l'apparition de cet article, M. X... arrivait triomphant au comité, tenant dans la main la feuille inspirée.

Le comité vota à l'unanimité des remercîments à cet avocat d'office, et résolut de délivrer une passe à tout ce qui était attaché à son service. — Ainsi, désormais jusqu'au prote et aux plieuses, tout le personnel du journal peut aller à Strasbourg acheter un pâté de foie gras et revenir le manger à Paris, sans autres frais que le dérangement.

Pourtant restons impartial et vrai : à quelques jours de cela, le jovial et malin rédacteur en chef vint à la gare de l'Est, et demanda de sa grosse voix :

« Est-ce qu'on ne peut pas visiter *la salle des morts?* Je serai discret comme leur tombe! » Et le mot fut répété dans le *Figaro.*

Parlons aussi des journaux industriels, paraissant chaque semaine, et qui expliquent avec une rare précision comment les recettes *s'augmentant*, les actions baissent toujours en proportion! — Phénomène incompréhensible! — Problème rien moins que mathématique! Ceux-là ont leurs entrées à vie dans tous les convois.

Ajoutons, pour la défense de ces écrivains spéciaux, que ces articles leur sont envoyés, *tout faits*, par M. le secrétaire général, sur les indications du comité :

or, le comité c'est le *Conseil des dix;* le directeur général n'est qu'*un doge,* ayant voix délibérative. Il y a en outre : *le grand conseil.*

Étonnez-vous maintenant qu'un seul journal politique ait eu le courage d'ouvrir ses colonnes, comme la gueule du lion de Saint-Marc, à cette foule de gens agacés, heurtés, persécutés, lésés, dont la voix criarde allait auparavant se perdre dans le désert !

C'est au dix-neuvième siècle qu'on peut dire : Frappe, mais écoute !

Si la presse s'est tue sur les horribles attentats commis sur un médecin russe et un haut magistrat, en ne discutant pas assez les moyens d'obvier à ces atroces abus de l'isolement en wagon, elle a peut-être cru être agréable *à ces messieurs* des compagnies, mais a-t-elle bien fait son devoir de critique? Il est permis d'en douter? Quant à moi, simple ouvrier, j'aurai apporté ma pierre. Heureux si ces simples observations, présentées sous une forme plaisante, peuvent contribuer à amener une amélioration, quelque peu sensible, *dans un monopole éminemment utile*, mais dont le public, qui le paye, a trop souvent à se plaindre.

Le frontispice de ce petit livre aurait alors mérité pour épigraphe :

Castigat ridendo mores!

LES

INCONVÉNIENTS DE VOYAGES

SUR

LES CHEMINS DE FER

I

SOUS LE VESTIBULE

Les tribulations du voyageur en chemin de
fer commencent dès la veille de son départ.
La peur de manquer le convoi l'empêche de
dormir. Se fiant peu sur sa montre, il va lui-
même la régler sur le cadran de la gare. Il
ignore que l'horloge du dehors marque toujours cinq minutes à l'avance, et que l'horloge de l'intérieur retarde au contraire de

cinq minutes, le tout afin qu'on se presse d'entrer et qu'on soit moins impatient pour partir.

Il n'y a rien à critiquer dans cette double mesure d'horloger scrupuleux. Mais il est bon de savoir que si l'heure des chemins de fer ne ressemble jamais *au temps moyen*, elle reproduit encore bien moins *le temps vrai*.

Après avoir passé toute sa journée à courir pour acheter de bons vêtements chauds, notamment une couverture de laine épaisse, qui puisse garantir ses jambes et ses pieds des vents coulis qu'on sent à travers les jointures si mal juxtaposées des voitures ou wagons; après avoir été à la préfecture de police et aux ambassades faire viser son passe-port; s'être approvisionné d'un petit panier dit *buffet de voyage* (pour ne pas mourir d'inanition en route); après s'être procuré un *guide* ou un *itinéraire* afin d'avoir le temps de le marchander, et de le payer moins cher qu'à la *Bibliothèque des chemins de fer* qu'on

trouve sous le vestibule ou dans la gare ;
après avoir manqué tous ses rendez-vous d'affaires, préoccupé qu'il doit toujours être de
l'heure du départ, aussi exacte pour lui que
le vieux canon du Palais-Royal ; après avoir
avalé quelques bouchées en guise de dîner ;
après, etc., etc., le voyageur envoie chercher
une voiture de place, en recommandant bien
à son domestique de ne prendre qu'un *rail-
route*, c'est-à-dire une citadine surmontée
d'une tringle pour retenir le bagage.

Sa montre lui annonce qu'il n'a plus qu'*une
heure cinquante-cinq minutes* devant lui pour
aller, à une extrémité de Paris, trouver le chemin de fer, prendre son billet, faire enregistrer ses malles et effets de voyage, et s'em-
busquer devant la porte vitrée de la salle
d'attente, afin de pouvoir saisir un coin pour
dormir quelques minutes durant une longue
et sombre nuit.

Il part enfin de son domicile ; sa femme et
ses enfants pleurent une absence plus ou

moins longue, et le chien du logis, avec cet instinct si admirable décrit par Buffon, prend part à l'affliction qui règne dans la maison, en s'élançant dans la voiture sous les pieds de son maître.

La femme du voyageur a voulu suivre son mari jusqu'au moment du départ. Moins heureuse que les maçons qui font *la conduite* à un de leurs camarades, elle ne pourra pas dépasser la porte d'entrée des salles d'attente, gardée par un *surveillant* plus terrible sur sa consigne que *Cerbère* à la frontière du Styx.

Quant à l'infortuné patient, destiné à ce supplice d'une vingtaine d'heures, appelé *train de vitesse*, il arrive dans la cour du chemin de fer, déjà fatigué du mouvement d'un mauvais véhicule, qui a troublé la mauvaise digestion d'un mauvais dîner pris à la hâte; entouré de paquets, sa femme d'un côté, son chien sous lui, il étouffe de chaleur et la sueur perle sur son front, bien qu'on soit en plein hiver; qu'eût-ce donc été dans la canicule!

Le voyageur n'a plus que *vingt minutes!* Il s'empresse d'aller au bureau pour prendre son billet, mais le bureau ne doit ouvrir invariablement, que *quinze minutes* avant le départ.

Pourquoi?

Si encore, pendant ces cinq minutes d'attente, vous pouviez aller faire enregistrer votre bagage, déposé par un facteur sur une grande table surchargée de colis d'une grosseur et d'un poids énormes, au point d'enfoncer votre carton à chapeau et d'en faire un gibus, de briser votre parapluie, et de bosseler votre malle toute neuve!

Ah bien, oui! L'employé aux bagages vous répond qu'il ne peut l'enregistrer et vous délivrer de bulletin que sur le vu du billet de place.

Le voyageur retourne donc au bureau, en chargeant sa femme de veiller un peu sur ses

effets déjà endommagés dans cet encombre-
ment sans nom de colis de toutes sortes, dont
l'odeur seule, mêlée à la paille pourrie, fait
s'enfuir votre chien au loin.

Il va prendre la queue du bureau, car, par
une autre attention aimable pour les voyageurs, au lieu d'avoir, comme à Londres, par
exemple, un bureau pour les premières, un
autre pour les secondes et les troisièmes, ce
qui accélère le service, il n'y a qu'un seul
guichet pour délivrer, en quinze minutes, des
billets à toute la foule qui attend sur la dalle
humide.

Est-il bien agréable, au surplus, à un
homme bien élevé d'être obligé de céder le
pas à une nourrice protégée par un troupier
aviné et la pipe à la bouche? A une dame
élégante, d'être coudoyée, pressée, *pincée*
même quelquefois par des gens en blouse,
gens qui ont la stupidité de prendre en haine
une femme rien que parce qu'elle porte un
châle et un chapeau! — Ces prolétaires qui

vous traitent d'*aristos* semblent toujours oublier que, sans le luxe et la toilette, leurs familles laborieuses seraient exposées à mourir
de faim.

Enfin, après quatorze minutes de queue,
vous arrivez tout juste à ce fatal guichet à
l'instant où la planchette, glissant de sa rai-
nure, s'abat aux yeux du dernier solliciteur
d'un billet de place, auquel l'employé de fac-
tion, dans la grille, s'écrie : « *Trop tard!!!* »

Vous possédez l'heureux billet qu'on a mis
deux minutes à prendre dans un casier, à
estampiller et à vous échanger contre votre
argent, quand il serait si facile et plus logique sans doute que, les billets préparés à
l'avance, on mît la moitié moins de temps à
vous les octroyer.

Times is money! C'est la devise des chemins de fer. Or il est mathématique que la
période de minutes employée à ce travail de
délivrance de petits morceaux de carton,
qu'on ne date qu'au fur et à mesure qu'on

les demande, est plus que doublée par ce mode de procéder!

Je mets en fait que dans un théâtre, où l'on donne des billets à toutes places, depuis les avant-scène jusqu'au paradis, on satisfait quinze cents personnes en moins de temps que le buraliste d'un chemin de fer en dépense pour contenter deux cents voyageurs.

Qu'est-ce qui empêche d'ouvrir les bureaux plus tôt, de donner des billets pour tous les départs de la journée?

Cela est si praticable, qu'on délivre des billets à l'avance dans les bureaux des succursales et d'omnibus.

Mais ces succursales sont si clair-semées dans Paris, et d'ailleurs un motif dé retard pouvant vous empêcher de partir, jusqu'à la dernière heure, on n'en use guères.

Comment se fait-il que, depuis vingt-cinq ans que les *rail-ways* s'exploitent en France, on soit encore, à l'heure qu'il est, à chercher des moyens déjà inventés depuis longtemps dans tous les autres pays voisins?

Si on veut se pénétrer de la simplicité des ressources qui se présentent à l'esprit pour obvier à cet inconvénient de tous les jours, qu'on lise, entre autres, une lettre adressée à M. Havin, directeur politique du *Siècle*, dans le numéro du 8 janvier 1862, dans laquelle, sous ce titre : *Le système des timbres-poste appliqué aux chemins de fer*, M. J. M. Cayla prouve qu'il a mieux étudié la question que tous les *comités* passés, présents et futurs.

Mais dans notre beau pays de France, cette terre de la civilisation, du progrès, des lumières, il suffit qu'une idée soit bonne, pratique, utile, qu'elle démontre enfin l'inanité de tout ce qu'on a fait jusqu'à elle, pour qu'on la baptise du nom d'*utopie*... Cette sainte utopie, si elle existe réellement, ne mérite-t-elle pas les honneurs du martyrologe et du calendrier grégorien?

4.

Enfin vous possédez ce billet si ambitionné, vous retournez aux bagages, vous payez dix centimes et l'*excédant du poids*, en y ajoutant, bien entendu, le pourboire du facteur, qui, d'après une pancarte bien visible à l'œil nu, est payé par l'administration et n'a pas le droit d'exiger une gratification, son service étant obligatoirement *gratuit, sous peine d'amende*[1].

C'est dans ce moment que l'œil du maître doit exercer toute sa perspicacité. Pour peu qu'on ait l'imprudence de ne pas veiller le garçon de service qui pèse, ou celui qui colle une étiquette numérotée sur chaque colis, vos malles, vos sacs de nuit, vos étuis à chapeaux, etc., etc., iront augmenter le bagage d'une famille qui va au nord, quand vous allez au midi. « Mais, vous répondra l'homme de peine d'un air narquois, *vous avez votre*

[1] En France le mot *gratis* a la même signification que certains établissements *inodores*.

bulletin ! » En d'autres termes, vous avez le droit de courir à Londres à la piste de vos effets quand, arrivé à Bruxelles, vous vous apercevez d'une erreur si facile à commettre dans un tel remue-ménage, et où votre voix ne peut dominer le bruit du *tohu-bohu.*

Ses bagages enregistrés, le voyageur glisse dans son porte-monnaie le même chiffon de papier qui lui sert de seul titre pour les réclamer, et alors, *prends garde de le perdre !* ô voyageur imprudent ! tu ignores ce qu'il en adviendra.

Sa femme l'embrasse une dernière fois, car il y a bien une demi-heure à attendre dans la salle du départ (tandis que le pauvre chien jette un dernier adieu à son maître).

Mais pour accompagner son époux, son père, son ami, il faudrait pétitionner jusqu'à S. M. *l'Empereur,* et encore on opposerait l'inflexible règlement, comme on le verra dans un chapitre suivant, par une anecdote.

— Il est bon, lecteurs et lectrices, de vous

avertir que, voulant démontrer par des faits plutôt que par des raisonnements l'utilité de mon petit livre, je vous raconterai souvent des anecdotes, car, pour moi comme pour vous, c'est la *nature prise sur le fait* qui combat l'abus mieux que tous les discours du monde. Plus d'un voyageur dont j'ai entendu les plaintes se perdre au milieu du bruit de la vapeur, du sifflet du chef de train, auquel répond la cloche de la station, se reconnaîtra dans les portraits que j'ai *croqués*, en wagon, sur un vieux registre de messageries ou sur ma feuille de route; le coup de crayon paraîtra *tremblé*.

Qu'importe, s'il a attrapé la ressemblance, de la pochade ou de la charge!

II

L'INTÉRIEUR D'UNE GARE AU DÉPART

Toutes les gares sont mal établies en France ; le savant ouvrage de M. l'ingénieur Aug. Perdonnet en fait foi.

Comment se fait-il néanmoins que ces constructions, — trop *grandioses*, — coûtent cinq ou six fois plus que celles qu'on a bâties en Angleterre, en Belgique, en Allemagne, en Suisse, en Amérique, etc., etc. ?

C'est que chez nous le luxe passe avant le *comfort*. Encore un mystère pour les pauvres actionnaires. — Ce livre n'étant pas seulement un *vade mecum* du touriste, pour le mettre en garde contre les inconvénients d'un nouveau mode de pérégrination, mais encore une espèce de *lorgnon* à l'intention des *quinze-vingts de la commandite*, tâchons d'aider un peu ces malheureux aveugles, *au toucher :* pure question d'humanité financière.

Quand une compagnie anonyme se forme, c'est par l'initiative d'un conseil d'administration, qui se recrute de lui-même. — Les statuts soumis au conseil d'État portent les noms du premier conseil, qui dure habituellement autant que la concession, moins quelques décès, car ces habiles fondateurs n'ont pas pu faire avec la vie un bail emphytéotique de quatre-vingt-dix-neuf ans, comme avec l'État.

Tout comme Henri III, qui, chargé de choisir un chef à la Ligue, répondit : « *C'est moi que je me nomme.* » Le conseil ne doit se remplacer que partiellement, tous les ans, à l'assemblée générale des actionnaires.

Mais comme les vingt-cinq membres du premier conseil possèdent déjà à la souche chacun au moins cent actions, soit ensemble deux mille cinq cents, et que parmi eux se trouvent des sommités financières qui en ont des milliers en portefeuille, il est bien facile de conquérir une majorité permanente.

C'est donc chose convenue : les administrateurs sont toujours les mêmes, ou à peu près les mêmes.

Quelques badauds s'imaginent que ces grands capitalistes consentent à se dévouer généreusement aux intérêts d'une masse de commanditaires, lesquels leur confient le mandat si important de gouverner une affaire arrivant parfois à *un milliard* de fonds social : et cela pour toucher un jeton de quarante francs à chaque séance hebdomadaire !

Passe encore, nous l'avons déjà indiqué;

pour MM. les membres du comité directeur, *qui se font dix-huit à vingt mille francs* par an, pour exercer des *fonctions gratuites*[1] !

Mais s'il est avec le ciel des accommodements, il y a aussi des calculs si savamment combinés qu'ils échappent au vulgaire ignorant, lequel se croit très-perspicace, néanmoins.

Pour ne pas parler des vivants, ce qui pourrait ressembler à de la calomnie, nous citerons cet administrateur défunt, parvenu au rang de ministre, et qui fut accusé, à tort ou à raison, d'avoir réalisé des bénéfices considérables sur les marchés formidables passés avec les entrepreneurs d'un de nos grands chemins de fer.

Laïus est mort, laissons en paix sa cendre.

Les ingénieurs, nommés par le gouverne-

----

[1] On commence à supprimer les comités de direction pour choisir un directeur. *Amen !*

ment, soumettent leurs plans au conseil d'administration, qui, loin de marchander, leur alloue *une prime proportionnelle à la dépense*, après l'achèvement des travaux, bien entendu.

On cite entre autres un des plus grands ouvrages, ou *travail d'art*, d'une des plus longues lignes, ayant coûté *dix millions*, qu'on aurait pu éviter en déviant de quelques kilomètres. Le conseil d'administration a préféré lutter avec les difficultés naturelles du terrain et faire concurrence aux antiquités romaines les plus reculées ; c'est juste :

A vaincre sans péril on triomphe sans gloire !

Et puis, quand on commence l'établissement d'un chemin de fer devant occuper de *quinze à vingt mille* personnes, comme employées à sa construction d'abord, et à son exploitation ensuite, il y a de la marge pour placer ses parents et surtout ses *intimes*, n'en déplaise à M. Sardou.

Nous démontrerons plus loin que si le *né-potisme* était banni en France, il se réfugie-rait dans les bureaux d'une de ces vastes administrations. C'est là qu'il règne en despote, car les statuts donnent aux ad-ministrateurs le droit exclusif de nommer à tous les emplois, depuis le directeur gé-néral jusqu'au modeste garde-barrière ap-pointé à cent vingt francs par an sur un budget souvent plus élevé que ceux de vingt petits États de la Confédération ger-manique.

Malheur à vous si vous n'avez pas dans la manche un membre du conseil! Mais si vous avez été frotteur chez la sœur d'un de ces messieurs, vous serez garde-ligne sur la fin de vos jours, je vous le promets, foi d'ex-chef de train.

Or donc, les entrepreneurs, architectes, constructeurs, étant ainsi choisis *ad hoc*, s'en donnent à cœur joie.

Aussi on vous construit une gare avec des

fenêtres en ogives, des lambris dorés, des velours de soie, etc., etc.

Ce ne sont que festons, ce ne sont qu'astragales!

Mais pour ce qui est de la commodité et des aises du voyageur, c'est bien autre chose, ma foi!

J'assistais, au paradis du théâtre du Palais-Royal, un soir de sortie, à la première représentation de *Ma nièce et mon ours*, vaudeville en trois actes, de MM. Clairville et Frascati.

Tout le second acte se passe dans une gare où les *colis* sont confondus pêle-mêle. Quels audacieux auteurs que ces gaillards-là! Passe pour les colis, mais quand on joua au Gymnase le *Voyage de M. Perrichon*, de MM. Labiche et Édouard Martin, il fallut voir les gens de la presse s'épanouir en apprenant toutes les tribulations qui attendent le voyageur au départ.

Le feuilletonniste du *Constitutionnel* osa même, l'imprudent! écrire un article contre

les chemins de fer. Il attacha le grelot, voilà
tout.

Lors même que vous êtes parvenu à faire
enregistrer vos *frusques*, que les hommes de
peine bouleversent comme à plaisir, vous entrez dans une salle d'attente où il n'y a pas
le moindre air; vraie machine pneumatique,
qui asphyxierait au bout de dix minutes l'Anglais le plus atteint du *spleen* et qui voudrait
se détruire au moyen du *railway*. Il lui serait
en effet inutile d'aller plus loin; il vaut mieux
encore étouffer que de se faire écraser et
aplatir comme une planche sous cette espèce
de laminoir qu'on appelle la locomotive.

Puis, trois minutes avant le départ, on
vous ouvre le vomitoire par où s'élance une
foule avide de se bien placer. Dans cette mêlée, les hommes doivent veiller à leurs mon-
tres, les femmes à leurs bijoux et à leur pudeur, car les *pickpokets* nous viennent des
Anglais, comme les railways, les tenders et
les wagons.

Avec quel empressement les employés vous entassent dans une voiture étroite, basse, faite tout au plus pour être habitée par quatre personnes, mais où on doit tenir huit! (cent pour cent de bénéfice pour l'administration paternelle des voies ferrées).

Tandis qu'en Angleterre vous entrez à volonté dans l'intérieur de la gare; vous choisissez votre place dans le train, surmonté d'un écriteau indicateur de la destination et de l'heure du départ.

En Allemagne, une famille de quatre personnes a droit à une voiture entière, même en seconde classe. En prenant deux premières un couple a droit de voyager seul en coupé.

Puis il y a le wagon des fumeurs : *Hier kant man rauchen* (ici on peut fumer), ce qui vous permet de changer, en route, de voiture pour griller un cigare, et d'aller reprendre votre place après, sans vous battre avec un chef de train féroce sur sa consigne, car il y va de sa place.

5.

Pourquoi, en France, dans le pays le plus civilisé du monde, n'a-t-on pas tout ce confortable? — Ne vaut-il pas mieux cent fois entrer dans une gare faite en briques et en poutres non peintes, et avoir toutes ses aises, plutôt que de souffrir tous ces *martyres* dans des salons brillants et ornés de dorures?

Oui, mais cela enfle les frais de premier établissement? Comprenez-vous ces mots : *frais de premier établissement?* Non, pas encore, n'est-ce pas?

Je vous le donne en mille pour saisir ce logogriphe. — A moins d'acheter des actions et d'aller entendre le rapport annuel du grand conseil, devant l'aréopage des actionnaires, convoqués *ad hoc*, en assemblée générale, c'est énigmatique comme le sphinx.

Il y a bien une autre petite cause à tous ces effets désastreux pour le public, souffre-douleur endurci à ces misères, mais ce serait empiéter sur le chapitre de l'insuffisance du nombre des employés, chapitre qui viendra

en son temps et lieu dans ce livre de vérité.

Et cela n'en déplaise à MM. mes anciens
patrons, que j'estime comme particuliers,
que je considère comme des hommes probes
et honorables; mais qui mentent à leur passé
du moment qu'ils ont mis le pied dans cette
galère, dont ils se font involontairement les
gardes-chiourmes. Et penser que c'est le plus
souvent par *gloriole* qu'ils acceptent cette responsabilité!

Je n'ajouterai qu'une seule observation
pour peindre les inconvénients de nos gares
intérieures.

Pourquoi donc deux portes? Est-ce pour
empêcher un fils d'aller se jeter dans les bras
de sa mère? Un mari d'embrasser sa femme
après un long voyage?

Il faut attendre dans la rue, quelque temps
qu'il fasse. — S'il tombe de la pluie par tor-
rents, vous n'avez pas, comme en Angleterre,
un hangar tout près, abritant les *cabs*, et

parallèle à la voie du débarcadère. — Il n'y a que les *omnibus* de l'administration qui puissent approcher. Mais vous avez le droit de vous mouiller et d'avarier vos effets en allant bien loin courir après un véhicule.

Si vous ne voulez pas de l'omnibus sale et à l'odeur nauséabonde, alors allez à pied, les paquets sous vos bras.

Comment expliquer encore cette stupide consigne qui vous interdit l'entrée de la salle d'attente, à moins d'avoir un billet de place?

Un jour qu'un banquier, pressé de partir pour Marseille, avait oublié d'emporter son portefeuille, sa femme prit vite une voiture et arriva avec le portefeuille, laissé par mégarde sur un meuble, *cinq minutes* avant l'heure du départ fixé.

En vain elle supplie, offre un billet de cent francs en nantissement, le surveillant la renvoie au chef de gare, et tandis qu'elle parlementait avec ce haut fonctionnaire, d'autant plus accommodant qu'il était *occupé* du départ, un coup de sifflet annonça que le train était parti.

On dut employer le télégraphe, et envoyer l'argent par un mandat sur la banque à Marseille, ce qui fut assez onéreux pour un simple oubli, si facile à réparer avec un peu plus de complaisance.

On peut expliquer par d'assez mauvaises raisons pourquoi on défend l'entrée du quai de départ à d'autres qu'aux partants.

Mais pourquoi ne pas laisser libre la salle d'attente, et ne pas exiger seulement l'exhibition du billet au moment où s'ouvre la porte de communication de la salle d'attente à la voie?

Pourquoi?

Parce que le nombre des employés est insuffisant, de leur propre aveu, lâchons le mot.

III

LE MATÉRIEL ROULANT

Nous avons déjà démontré que ce qu'on nomme le matériel fixe, est tout ce qu'il y a de mieux établi pour la gêne et les ennuis du voyageur. Mais cela est dépassé par la construction des voitures, divisées en trois classes.

Rendons grâces pourtant à l'administration publique, en France! Elle a exigé des compagnies concessionnaires la suppression de ces ignobles tombereaux découverts, que des entreprises, avides de gain et d'un égoïsme rare, ont créés chez nos voisins d'outre-mer, pour les pauvres voyageurs de la dernière catégorie, dite troisième classe.

Encore il a fallu un décret pour faire comprendre à nos compagnies *philanthropes* : « qu'il y a une différence à faire *entre les hommes et les bestiaux !* »

Quelles nuances existent néanmoins encore dans ce partage du confortable entre les trois classes : — les premières seules sont éclairées et chauffées ; — les bancs des troisièmes sont en bois dur et raboteux !

Ainsi une honnête femme, appartenant à la bourgeoisie, c'est-à-dire à cette classe moyenne qui forme la majorité en France, devra se résigner, si elle n'est pas assez riche pour prendre un billet de première, à souffrir les angoisses du froid, pendant les nuits d'hiver. Et si elle voyage *seule*, dans le jour, à passer, dans une obscurité complète, sous ces affreuses voûtes souterraines appelées *tunnels*!

A quelles entreprises *immorales* n'est-elle pas exposée, au contact d'un commis-voyageur ou d'un individu mal élevé, que la concupiscence entraîne parfois à oublier jusqu'à sa propre dignité d'homme!

Cela vous fait frémir! Vous qui avez une mère, une épouse, une sœur, que vos modiques ressources ne vous permettent pas toujours d'accompagner.

Quelques compagnies viennent, il est vrai, d'organiser un wagon de dames, mais il n'en reste pas moins l'absence du calorifère, qui est un crime permanent de lèse-humanité, et cela *pendant que la question est à l'étude!*

Quant aux voitures de première classe, quel *confort* y rencontre-t-on, vraiment?

On y est serré, les jambes embarrassées, les parois vous empêchent même de dormir, par leur *conformité* ou plutôt leur *difformité*, soit dit sans calembour méchant.

Quelle ressource de transport, pour un malade qui va aux eaux rétablir sa mauvaise santé? On peut mourir en route de fatigue et de *mille autres inconvénients*, dont le moindre n'est pas sans doute l'insomnie.

Mais, vont objecter messieurs les administrateurs, pourquoi ne pas prendre le *wagon-lit?*

Il faut que vous sachiez, en effet, qu'en payant une voiture de première, *tout entière*, vous pouvez retenir un compartiment où il y a deux banquettes étendues, sur lesquelles le coussin n'est pas séparé. — Mais qui est-ce qui connaît cette mesure *mystérieuse*, dont le public ne se doute même pas, n'en étant pas averti?

Le *wagon-lit* ne sert que rarement aux voyageurs malades. — Mais, en revanche: M. le médecin en chef, M. le président et MM. les membres du conseil d'administration, etc., ne manquent pas de commander le *wagon-lit* au chef d'exploitation, quand ils parcourent la ligne. — Dans ce cas je recevais inévitablement l'ordre de serrer les freins; ce qui n'avait d'ordinaire pas lieu, eût-on un mourant dans le convoi!

Primo mihi : c'est la devise des administrations de chemins de fer. Et elles en usent, bon Dieu! d'autant plus que cela ne coûte rien...

Est-il rien d'ailleurs d'aussi absurde et incommode que le système de nos wagons et des voitures de première classe?

Allez en Amérique, en Allemagne, en Suisse, et là vous monterez en voiture, non par le côté, sur un marche-pied tout à fait confectionné pour vous faire tomber en vous hissant à la portière, mais par un escalier qui vous conduit à une plate-forme.

Arrivé à cette plate-forme, où se trouve une fort jolie terrasse garnie d'un garde-fou, vous entrez par le milieu dans un élé-

gant petit salon où il n'y a que six fauteuils :
deux d'un côté, quatre de l'autre. Devant ces
fauteuils est placé un guéridon, qui vous permet de lire, de faire votre whist, ou de prendre un repas à votre aise.

Une autre porte au milieu, faisant face à
celle d'entrée et recouverte d'une glace en-
cadrée, vous donne accès dans un wagon de
deuxième classe, où vous pouvez aller vous
promener et fumer, tout debout, en lorgnant
les costumes bernois et autres jolies choses
à voir. — En parcourant ainsi de wagon en
wagon la longueur du train, de l'arrière à
l'avant et *vice versâ* vous arrivez au buffet,
ou à un *petit cabinet d'histoire naturelle,* dont
nous aurons occasion de reparler tout à
l'heure.

On conçoit le délassement pour un voyageur qui, au lieu de rester constamment
assis à la même place, dans la même position gênante, les jambes enchâssées dans
celles de son voisin ou de sa voisine (ce qui

en parenthèse est un *shocking*), peut aller se promener, prendre l'air sur la terrasse et jouir des vues ou sites pittoresques qu'offre la route, malgré la rapidité du mouvement !

En Amérique, pays du confortable et du progrès humain, on a même construit, tout le long du convoi, une galerie qui permet d'aller de la queue à la tête et d'en faire le tour.

De cette manière vous pourriez voyager huit jours et huit nuits sans être autant fatigué, courbaturé, enrhumé, que si vous étiez resté seulement vingt-quatre heures sur une de nos lignes, ayant coûté des milliards à établir !...

D'ailleurs cette facilité du chef de train et des autres employés d'aller et venir, en passant au milieu des voyageurs sans les déranger ou les refroidir, pour leur demander les billets, par une portière ouverte à toutes les intempéries, n'a-t-elle pas son prix autrement remarquable ?

6.

Eût-on pu, avec ce système, assassiner si lâchement M. le président Poinsot ou le médecin russe?

Je me souviens pourtant, dans un voyage que je fis en Suisse, et où je pus faire cette comparaison entre les deux systèmes continentaux, d'avoir entendu dire à un Allemand fanatique que cette visite fréquente des employés ressemblait à de l'*inquisition!*...

« La Suisse, s'écriait-il, est un pays libre! Et elle a copié l'Autriche! »

Oh! le pauvre homme n'avait pas lu encore le récit des horribles attentats commis sur des voyageurs, dans un pays qui, lui aussi, est libre et peu ami de l'inquisition!

Avec ce système de communication d'une voiture à l'autre, on peut aussi en cas d'accident faire arrêter la machine par des moyens plus naturels et plus faciles que ces sonnettes d'alarme, ces signes télégraphiques et électriques, que la science cherche encore.

Pourquoi, dit-on vulgairement, *sonner les*

cloches quand les sonnettes suffisent? — Pourquoi aussi *employer des sonnettes* quand il vaut mieux chercher un autre mode d'appel?

Dans d'autres circonstances la construction vicieuse des voitures fait regretter les diligences, les pataches, la galiote de Rolleboise, voire même le coche d'Auxerre.

Le mouvement rapide des trains engendre plus d'un genre d'indispositions égalant la souffrance du mal de mer, et ces indispositions peuvent se changer en de graves maladies. Ne rions pas, le sujet est à la fois plaisant et sévère.

Le temps d'arrêt, déjà si court, est souvent *escroqué* au voyageur, on vous dit : *Cinq minutes d'arrêt,* et on vous en accorde tout au plus *deux* ou *trois.* — Ayez donc le temps de réclamer?

Comment profiter de ces petits bâtiments (toujours éloignés du stationnement) destinés à droite aux hommes et à gauche *aux dames.*

(L'Anglais pudique met sur la porte : *Wating room for ladies*). -- Rien que cette inscription française peut empêcher le beau sexe de s'exposer aux regards curieux et indiscrets de trois à quatre cents voyageurs, plongeant à travers les châssis des portières, dans les temps d'arrêt.

On raconte même une anecdote, — je puis dire une histoire, — aussi difficile à redire qu'indispensable à insérer dans ce recueil des incommodités humanitaires.

Une dame avec son mari, en compagnie de six voyageurs mâles, dans le même compartiment, fut soudain atteinte d'une douleur très-aiguë, que la *revalescière* guérit en moins de temps, dit-on, que l'appareil dont Pourceaugnac avait si peur du temps de Molière, où l'on ne se doutait pas encore beaucoup des chemins de fer, à ce qu'il paraît.

Cette dame se tordait sur sa banquette, en se mordant les lèvres jusqu'au sang. Attendre la prochaine station cela demandait *une heure*, montre en main, et la dame risquait fort de s'écrier avec *Arnal*, l'acteur comique : « Il n'était plus temps! »

Le mari, voyant cette torture, imagina un expédient prompt et héroïque : il supplia ses compagnons de voyage de regarder *en dehors*, et fit le sacrifice de son chapeau! . . . . .

La malheureuse femme fut guérie subitement de ses douleurs internes...

Mais peindre sa confusion, sa honte, bien que les deux croisées demeurèrent ouvertes jusqu'au point d'arrêt, est-ce possible, mesdames, mes lectrices, qui me reprochez sans doute, abritées derrière vos éventails, un tableau tant soit peu *shocking*. — Pardon, mesdames, pardon!

Eh bien! dans des pays limitrophes ou en Amérique, pays sauvage à peine civilisé, il existe sur le convoi même des compartiments discrets, situés aux deux extrémités du train, à l'avant et à l'arrière, à la proue comme à la poupe du bâtiment roulant, où, sans avoir le pied marin, on peut se rendre tout en marchant à la plus grande vitesse des machines *Crampton*.

Est-ce à dire que dans une contrée qui revendique à si juste titre le monopole de la galanterie française, de la civilisation la plus raffinée, on sacrifie la santé, la vie peut-être d'un voyageur à cette misérable *question d'argent!*

Je sais de bonne part qu'au comité du chemin de *** (devine si tu peux, ou choisis si tu l'oses), un utopiste, un songe creux, un Salomon de Caus, eut la folle idée de proposer un système d'*inodores* dans les trains en marche.

Cette proposition fut accueillie d'un rire homérique. La lettre qui la renfermait fut renvoyée, non aux archives, mais à un lieu de circonstance! (Les hommes du comité sont gens d'esprit, comme vous le voyez.)

En Amérique, en Allemagne, en Suisse, on a, vous ai-je dit, la faculté de jouer aux cartes, aux échecs, aux dames, de lire, écrire même, sur un guéridon placé devant des fauteuils capitonnés, tout comme vos *ganaches* ou vos *voltaires du coin du feu*. C'est le véritable *utile dulci* des anciens.

On peut encore sur cette petite table, propre et reluisante comme un miroir, mettre une serviette et faire une collation, un *lunch* bien à propos.

Ceci m'amène naturellement à un chapitre non moins intéressant, car disait *Odry* en voyant le dénoûment de la tragédie de *Jane Shore* :

« En toutes choses il faut considérer *la faim !* »

IV

Au nombre des calamités qui affligeaient si fort les voyageurs des anciennes diligences, voire même des malles-postes, on comptait surtout les repas, nécessairement fréquents dans le trajet.

Il y avait au moins cette consolation pour l'humanité souffrante que, dans ces voyages, quoique étant une des grandes misères de la vie, on ne restait pas quarante-huit heures, pour faire cent lieues, sans avoir le loisir de se reconforter un peu.

La diligence s'arrêtait habituellement quatre fois en vingt-quatre heures. On pouvait déjeuner et dîner deux fois, selon ses habitudes et ses goûts. Mais quels dîners!

On ne songe plus sans effroi à ces affreuses auberges où le conducteur et le courrier de la malle vous conduisaient de préférence. Cela rappelle les chapitres de Gil Blas, où un muletier, faisant partie d'une bande de voleurs, conduisait ses voyageurs dans la *posada*, lieu de repaire de ses dignes complices!

Le vulgaire s'imaginait naïvement que le conducteur ou le courrier n'avait de profit que dans la gratuité du repas qu'il faisait avec ses administrés à la table d'hôte, où il vantait tout haut les mets comme étant exquis! Que pouvait-on objecter, en effet, après une opinion exprimée *si carrément* par une semblable autorité?

Mais moi, qui ai fait partie d'une entreprise de *voitures accélérées* (avant l'invention des voies ferrées), je ne veux pas mentir à mes confessions.

Le conducteur avait une remise sur chaque convive, et quand, à l'aide de ce *tant par tête*, il s'était amassé certain pécule, il achetait lui-même *l'hôtel de la Poste*, où il installait sa femme, espèce de virago pesant d'ordinaire deux cent quarante kilos, et d'une intelligence supérieure, à ce point qu'elle se disputait avec le conducteur (qu'elle semblait à peine connaître) pour lui reprocher d'arriver toujours en retard, et de donner à peine à *messieurs les voyageurs* le temps de manger!

Combien de fois ai-je ri de cette charmante comédie, si bien jouée par les deux acteurs, qu'on soupçonnait si peu être *les époux assortis* d'un opéra comique rajeuni.

Mais ce qui était moins risible, c'était la mine piteuse des voyageurs, auxquels jamais empoisonneur public n'eût servi plus perfide repas! J'ai vu figurer souvent le même rôti pendant des mois entiers sur la table. Quant aux perdreaux, au gibier, au poisson, on les arrosait de vinaigre pour mieux empêcher que l'odorat ne fît découvrir la supercherie. Le dessert était à l'avenant, et à moins qu'une vieille dame ne s'emparât des macarons et des croquignoles endurcis, pour régaler sa chienne, vous risquiez fort de vous casser une dent en mordant dans ces cailloux soi-disant sucrés à la fleur d'oranger.

A la vérité, après un potage chaud, si brûlant même qu'il fallait un quart d'heure avant de pouvoir y toucher, ce qui était autant de pris sur l'ennemi, on apportait quelques plats d'un fumet agréable. Mais c'était juste à ce moment que le conducteur, qui avait versé du vin bleu dans sa soupe pour pouvoir l'avaler, s'en allait jusqu'au *grand bureau*, puis il revenait s'écrier d'une voix de Stentor : « *Messieurs, mesdames, en voiture!* A ce cri fatal, chacun se levait tout ef-

faré, s'emparant, l'un d'un morceau de pain,
l'autre d'un reste de viande froide enveloppé
dans un vieux journal (l'acteur Potier, par un
jeu de scène des plus comiques, plaçait, par
mégarde, un gigot dans son passe-port qu'il
prenait pour la carte du restaurateur), puis
on remontait dans l'ignoble boite, reprendre
sa position de Procuste jusqu'au prochain relais, mourant de faim et de soif, après un
dîner payé trois francs cinquante centimes,
non compris le pourboire à la fille, laquelle
n'en faisait pas grâce, Dieu merci!

Il ne restait à la table que deux ou trois
commis voyageurs, *les loustics* de l'odyssée,
qui, sous prétexte qu'ils connaissaient *la ma-
nique*, se donnaient le temps de manger un
poulet rôti! Puis ils invitaient le conducteur
à prendre le café et le pousse-café! Comment
résister à une telle politesse, surtout quand
cette galanterie poussait à la consommation?
Une demi-heure s'écoulait au milieu des toasts
et des joyeux propos qu'une oreille anglaise

aurait peut-être trouvés un peu hasardés. Cependant les voyageurs, entassés dans la voiture, attendaient l'heure du départ, jurant, maugréant après ce féroce conducteur qui ne leur avait pas même laissé le temps de dîner! Enfin le signal était donné, et fouette postillon!

Si les voyageurs arrivaient souvent malades et tout brisés à leur destination, on n'a jamais entendu dire qu'aucun fût mort d'indigestion.

Eh bien! quand on inaugura les chemins de fer en France, tout le monde ne fut pas seulement émerveillé de la vitesse du parcours; on voyait avec bonheur cesser le joug de l'aubergiste; on allait triompher de l'ignoble table d'hôte, au repas forcé et malsain, double attentat *à la bourse et à la vie* sur les grandes routes.

Dès que les buffets furent établis, l'illusion disparut. Si vous avez la mauvaise idée de vous mettre à la table d'hôte du buffet d'un

chemin de fer, table chargée de fleurs artifi-
cielles, de surtouts en ruolz et de porcelaines
peintes et dorées, la rapidité avec laquelle
on vous servira des plats frelatés et *froids*
vous empêchera de digérer, et vous auriez
mieux fait de supporter la faim que de vous
rendre malade en. chemin de fer, surtout
avec la privation de tout secours imaginable
en pareil cas! Vous l'avez lu plus haut. Voyez
cependant la malice de la spéculation! On
empêche les convives de manger, mais on a
toujours le temps de leur apporter du vin fin,
du café et des liqueurs; si vous êtes assez
avisé pour demander *ce supplément*, le maître d'hôtel vous dira, à l'oreille, de ne pas
trop vous presser, le train ne devant partir
*qu'au bout d'un quart d'heure après le premier
avertissement. (Avis au public!)*

Si, au contraire, vous demandez à dîner à
part ou à la carte, on aura le soin de ne vous
apporter le potage froid et le plat demandé
qu'au dernier moment, afin de vous empê-

cher d'y toucher, et ce dîner vous coûtera
aussi cher que celui de la table d'hôte, et
souvent plus, c'est connu.

Mais, me demandera-t-on, il n'y a donc aucun moyen de contrôle de la part de l'administration sur les entreprises des buffets et
des buvettes?

Bien au contraire, puisque pour livrer à
ces industries culinaires le local nécessité,
on passe avec elles un traité fort onéreux
dans beaucoup de stations pour ceux qui acceptent un tel marché.

C'est toujours le même système de luxe au
détriment du confortable. On dépense un
argent fou à faire établir des salles de restau-
rant et de café pour la classe aisée, avec une
buvette pour les classes inférieures. Ensuite,
comme il faut se récupérer de cette énorme
dépense, on fait un bail avec le restaurateur.

Il en est plus d'un qui paye jusqu'à *quatre
ou cinq mille francs par an de redevance!* Or

comme rien ne varie plus que le nombre des voyageurs aux gares intermédiaires, en raison des circonstances ou de la saison, il faut bien se rattraper; alors on écorche ces malheureux voyageurs comme jadis sur la grand'route, avec d'autant plus d'insolence et d'effronterie, que les arrivants sont enfermés, parqués, tout comme des troupeaux, dans l'intérieur de la gare, et qu'ils sont bien obligés de se mettre à table quand ils jeunent depuis vingt heures.

La nécessité, cette mère de l'industrie, a amené l'invention de ces paniers, dit *buffets de voyage*, dans lesquels une famille peut emporter quelques aliments froids, et en minime portion : c'est la critique la plus sanglante des buffets de chemins de fer en France.

Il eût été si facile d'exiger des individus auxquels on concède ce service, mais gratuitement bien entendu, de ne donner que des comestibles frais et sains, à un prix modéré et raisonnable pour le bien-être des consommateurs.

Est-ce qu'en Allemagne, en Suisse, en Angleterre, cela se fait autrement?

Quand on arrive à une station, chacun peut sortir, son billet lui servant de contre-marque. Au dehors on trouve un vaste réfectoire avec des viandes proprement préparées, du café, du thé, du chocolat, de la pâtisserie appétissante, tout ce qui enfin permet au voyageur de faire une collation à la hâte et sans trop dépenser d'argent.

Rien ne vous force, d'ailleurs, à aller à un buffet où règne la propreté à la place de l'élégance, la fraîcheur des denrées au lieu de la symétrie, car il existe en face ou à côté des hôtels, des restaurants, où on peut trouver aussi à se rafraîchir à bon marché. Cette concurrence n'est nullement nuisible, cela se comprend.

De pareils détails semblent, à ce qu'il paraît, bien au-dessous de la dignité des hauts et puissants membres des administrations, car ils laissent le soin de cette surveillance au chef de l'exploitation, lequel en renvoie la responsabilité à des inspecteurs, lesquels inspecteurs ne s'inquiètent guère que d'une chose, à savoir : de bien dîner dans leur tournée.

Oh! soyez tranquille, si vous avez la chance de voyager avec un inspecteur, ce jour-là le dîner sera bon, et vous ne regretterez pas votre argent; mais le cas est si rare et si exceptionnel. Il faut le saisir.

Après tout qu'importe à une entreprise de chemin de fer que le voyageur ait ou non ses aises? — Pour elle, le patient n'est qu'un colis! Pourvu qu'il arrive sans retard et sans avaries, le contrat de transport est accompli, et on n'a pas le droit de se plaindre : — *Zi on n'être bas gondant,* disait un administrateur remarquable par son accent tudesque, *on n'a qu'à foyacher afec zon chaisse de boste, dout gomme moussié Rôzini!!!*

Et ce banquier allemand avait peut-être raison! *Ses millions* sont là pour dire à quoi a tendu l'invention des chemins de fer? Pardieu!

Nota. — Ce célèbre financier a un accent malheureux. Admirant dans un bal une dame de haute taille et habillée en blanc, il demanda à un monsieur :

— De qui est la femme cette grande *planche?* (blanche).

Le mari, c'était lui, répondit furieux :

— C'est la femme de quelqu'un qui vous trouve fort insolent!

La maîtresse de la maison eut toutes les peines du monde à calmer cet invité rageur.

— Que voulez-vous faire, dit-elle, avec un homme qui vous fait une déclaration d'amour en disant qu'il a pour vous *un grand bâtiment de guerre* (battement de cœur.)!

V

LES SOUTERRAINS

Si ce n'est la rapidité du transport, que
de fois ne vient-on pas à regretter la route
de terre, ou *le plancher des vaches*, comme
disent les ennemis de la navigation et du mal
de mer!

Oui, il est beau d'arriver vite, et moins
cahoté, moins couvert de poussière que jadis.
Toutefois, quand on pense à ces sites char-

mants, à ces vues pittoresques, qui saisissaient l'œil du touriste en voiture, on est forcé de convenir que les pérégrinations d'autrefois étaient plus agréables et surtout plus instructives qu'aujourd'hui.

Qu'importe d'acheter ces petits livres illustrés intitulés : l'*Itinéraire de voyage*, ou bien le *Guide du voyageur en Italie, en Espagne, en Belgique*, etc.?

On en est réduit à contempler des images gravées sur bois, vous représentant les beautés du parcours, toujours masquées par d'affreux talus ou des murs et des remblais.

Oui, j'aimais la diligence quand s'arrêtait ce lourd véhicule pour les relais. Les jurements du postillon (ce langage fleuri désormais perdu pour nos oreilles), la complaisante intervention du conducteur pour expliquer à ses voyageurs, notamment à ses belles voyageuses, la topographie des lieux où passait la voiture; l'assaut donné à la diligence par les mendiants et les musiciens

ambulants, vous criant : « *Donnez, cela porte
bonheur en voyage !* » Le hennissement des
chevaux dételés et de ceux qu'on attelait, le
claquement de fouet du postillon à l'air jovial,
le teint rougeaud, tout fier comme un paon
devant les jeunes filles du village, amassées
pour le voir s'envoler dans un nuage de poussière. L'obséquiosité de l'aubergiste de la
poste, vous offrant des fruits ou des rafraî-
chissements pendant les trois minutes d'at-
telage, etc., etc., — tout cela vous étourdis-
sait, vous amusait, ou vous donnait le temps
de faire bien d'autres petites choses. — Mais
chut ! et ne recommençons pas.

Ce qui était préférable à tout, par un beau
soleil, c'était de voir la voiture s'arrêter pour
prendre le pas, et le conducteur, en ouvrant
la portière, vous dire : « *Qui veut monter la
côte à pied ?* »

Il fallait être bien boiteux, bien perclus
de ses membres, pour refuser cette occasion
heureuse de les dégourdir, de respirer l'air

à pleins poumons, de voir un peu le pays qu'on traversait, et enfin de lier connaissance avec le personnel de la diligence; car c'est à ce moment que, le *coupé*, l'*intérieur* et la *rotonde* confondus ensemble, on pouvait, d'un seul coup d'œil, observer ses compagnons de voyage et les apprécier en bon physionomiste. C'est tout un agrément, un charme inconnu aujourd'hui en chemin de fer, où chacun dort comme un ours dans sa tanière; — quand je parle des compagnons, et les compagnes de voyage, donc!

Je ne sais plus quel auteur a dit : « J'aime les voyageuses, avec leurs robes chiffonnées, leurs cheveux au vent, et cette aimable rougeur qui enluminait leurs visages (au lieu de la pâleur mortelle que donne le train de vitesse); j'aime les voyageuses! » Moi aussi j'ai dit cela plus d'une fois. (N'en dites rien à mon épouse.)

Qui ne les aurait pas aimées? N'était-il pas très-doux de se rappeler la chevalerie française protégeant, sur les grandes routes, les belles égarées? — On leur offrait la main pour descendre de diligence, et il n'était ni indiscret ni de mauvais goût de leur offrir son bras pour gravir la côte rapide. C'est dans ces moments d'un naïf épanchement qu'on pouvait faire valoir son petit peu d'érudition. On nommait le village que distinguait son clocher.

On racontait sa petite anecdote locale.

La mère en permettait la narration à sa fille.

Le mari vous confiait sa femme en souriant, et il allumait son cigare avec confiance, car tous ces petits romans avaient pour dernier chapitre l'arrivée au but du voyage. Là, chacun se saluait, et ne s'occupait plus que de ravoir son bagage. On allait coucher au *Cheval blanc* ou au *Lion d'or*. Nous n'avons plus tout cela ; mais, en revanche, nous avons... les TUNNELS!... Toujours un mot anglais.

L'une des plus grandes difficultés à vaincre pour l'établissement des chemins de fer dans un pays accidenté, consiste à aplanir la vôie, à prendre le niveau. De là ces déblais, ces remblais, ou ces affreux souterrains que les Anglais appellent *tunnels*, on ne sait pas pourquoi.

Ce livre n'étant nullement un ouvrage scientifique (le malin lecteur s'en est déjà assez aperçu), nous laissons à l'intéressant traité de M. Perdonnet le soin de vous faire connaître combien nous avons de souterrains en France, comparés à ceux des autres nations; combien de kilomètres il faut franchir sous ces voûtes malsaines et terribles; et comment, par exemple, il faut sept minutes et demie, au minimum, pour traverser le souterrain de la Nerthe, près de la Méditerranée, etc., etc.

Ce qu'il y a de certain, c'est que le cœur tressaille toutes les fois qu'il faut entrer dans ces antres diaboliques.

Le défaut d'air et de lumière, la pensée que, si un accident arrivait, on serait perdu dans les ténèbres; le bruit strident de la locomotive et des sifflets sous ces horribles caves à échos surhumains, tout cela vous glace d'effroi, lors même que vous y êtes habitué. Il y a mieux : la connaissance du danger rend la peur encore plus vivace pour ceux qui réfléchissent au danger passé.

J'ai toujours entendu crier les enfants longtemps après la sortie de ces cavernes creusées sous des montagnes et des rochers; j'ai vu les femmes avoir quelquefois des attaques nerveuses en revoyant le jour, qui vous éblouit.

Ne me parlez pas de la lueur blafarde de cette petite lampe éclairant deux wagons à la fois, et qu'on ne donne qu'aux riches, comme si les autres femmes avaient, avons-nous dit, moins droit aux égards dûs à leur sexe! — Cette lampe ne détruit pas l'épouvante qu'éprouvent des tempéraments olfac-

tifs sous cette atmosphère de fumée, d'odeur
de pierre moisie et d'eau croupie, odeur in-
définissable dès qu'elle se marie à la vapeur.
— D'ailleurs, contre ces parois, le bruit augmente d'intensité. On se croit vraiment aux
enfers, comme Orphée.

C'est dans ces cruels moments qu'une belle
voisine perd presque le sentiment de la vie, et
qu'un jeune audacieux, entreprenant comme
tout voyageur échauffé, se permet plus d'une
incartade. C'est aussi dans ces circonstances
que le voleur *à la tire* fait *sa main*, comme
disent les émules de Cartouche, de Lacenaire,
et autres scélérats fameux.

Oh! les souterrains, qui nous en délivrera?
Certes, ce ne sont pas ceux qui les bâtissent,
car un ingénieur aimerait mieux voir périr
mille personnes que d'abandonner un plan
qui doit faire sa gloire... et sa fortune! — Je
ne dis pourtant ceci que pour les lignes où
une simple déviation, je l'ai déjà démontré,
eût épargné un travail aussi long que coû-

teux et eût offert moins de dangers, et il y en a comme cela !

Il faut, après tout, être juste et sincère : c'est pour ces passages noirs et souterrains que les règlements administratifs sont le plus sévères : le croisement des trains n'y a jamais lieu. Aussi les accidents si nombreux qui sont arrivés depuis vingt-cinq ans à ciel ouvert, ont eu le triste avantage d'avoir la lumière du jour pour éclairer ces belles horreurs. C'est encore une consolation, quand on songe à ce qui se serait passé si le déraillement ou l'abordage avait eu lieu sous une voûte souterraine, là où les secours sont presque impossibles; où l'on serait asphyxié avant qu'ils n'arrivent.

Sur ce, chers lecteurs et lectrices, que Dieu vous préserve d'accidents sous un tunnel !

C'est une prière que je conseille d'apprendre aux petits enfants peureux, aux dames qui se munissent d'amulettes et de flacons de sels.

Quant aux hommes forts, ils n'ont qu'à
faire un *ex-voto*, comme le marin qui aper-
çoit les clochers de Notre-Dame de Bon Secours.

VI

LES EMPLOYÉS

Si on peut reprocher aux chemins de fer de nombreuses morts funestes, il faut convenir, en revanche, qu'ils font *vivre* beaucoup de monde.

Des industries, au nombre desquelles on peut citer : les messageries, les roulages, les maîtres de postes, les auberges, les cafés, etc., etc., ont souffert une suppression presque complète de la concurrence de la vapeur. Mais aussi, les entreprises nouvelles ont fait naître une foule d'occupations intermédiaires, et embrassent un personnel, numériquement immense, attaché à leurs services.

Si, comme dans d'autres pays, le monopole des chemins de fer était exercé par le gouvernement, on eût pu soumettre à l'examen préalable les fonctionnaires chargés de l'observation des réglements administratifs, pour la sécurité publique, et ne les admettre qu'après une épreuve de capacité relative à cet important métier.

Hélas ! il n'en est rien, et nous voilà, malgré nous, obligés d'en revenir au mot : *népotisme.*

Le népotisme s'exerce en grand dans nos grandes administrations privées.

Ce ne sont jamais les antécédents favorables, les études préalables, l'aptitude spéciale, ni la bonne conduite passée qui font entrer un postulant en place !

Tel administrateur donnera au jeune gandin qui aura eu le bonheur de faire valser dans un bal madame l'administratrice la préférence sur l'homme d'un vrai mérite.

La liste du personnel est un arbre généalogique.

Que de cousins, de neveux, de frères, de beaux-frères, ne voit-on pas émarger les feuilles mensuelles du caissier? Cela se passe vraiment en famille.

Passons ce détail et revenons à la question.

1° D'abord, les employés sont-ils en nombre suffisant pour répondre aux besoins multiples de leurs divers services?

2° Ensuite, choisit-on les hommes *ad hoc?*

3° Enfin leurs émoluments sont-ils proportionnés à ce qu'il faut attendre d'eux dans leurs pénibles fonctions?

De même qu'il existe deux matériels, fixe

et roulant, il y a sur la voie deux espèces d'employés, ceux à demeure : chefs de gares, chefs de stations, commissaires de surveillance, facteurs, hommes d'équipes, gardes-ligne, gardes-barrières, aiguilleurs, etc. Puis sur les convois, les chef de trains, conducteurs et gardes-freins, les vigies, chauffeurs, mécaniciens, graisseurs et *tutti quanti!* J'en passe et non pas des meilleurs.

C'est principalement chez ces employés, le plus directement en rapport avec le public qu'on devrait rencontrer la politesse, les égards, les soins dûs aux voyageurs.

C'est d'eux qu'on doit exiger le sang-froid, la présence d'esprit et le culte des règlements qui régissent l'exploitation et la police des chemins de fer, après les lois spéciales.

Peuh ! — C'est pénible à écrire : tout le contraire ressort de tout ce qui se passe sous vos propres yeux et des nombreux procès soumis journellement aux tribunaux.

L'employé de chemin de fer, l'expliquera

qui veut, est impoli, dénué de complaisance envers le public.

Il se soucie peu de sa vie encore moins de celle du voyageur qui est confiée à sa prudence.

Qui ne frémit en pensant qu'un aiguilleur, un gardien à niveau ou de barrière endormi peut occasionner la mort de cent personnes en négligeant son devoir !

Le nombre des inspecteurs est si restreint qu'on punit souvent les fautes, mais les prévenir, jamais !

Non plus les employés ne sont pas numériquement suffisants. Il suffit, pour s'en convaincre, de les appeler aux stations, rien que pour ouvrir une portière ou vous dire si vous ne dépassez pas le lieu de votre destination.

On remarque généralement qu'au lieu de s'occuper des voyageurs, les paquets, les colis, l'article messagerie, en un mot, les absorbent et les empêchent de vous répondre quand vous avez besoin d'eux. De là ce défaut de sollicitude empressée qui est non-seulement nuisible, mais peut devenir fatal, témoin les crimes affreux commis par un homme qui descend de wagon et referme lui-même la portière sur sa victime.

Jamais un employé n'aidera les femmes, les vieillards embarrassés des deux mains par leurs objets de voyage, ni pour descendre ni pour monter.

Si sur le quai vous apercevez une casquette et un uniforme, tout cela disparaît comme une ombre.

L'appelez-vous, il ne répond pas, ou vous dit : *Cela ne me regarde pas*; et il s'enfuit à toutes jambes.

Pourtant, les instructions du chef d'exploitation sont contraires à ces petites infractions. Il est recommandé d'être polis et prévenants envers les voyageurs, et aucun article de ce code n'interdit de donner un renseignement utile. D'où cela vient-il donc?

On vous autorise, à la vérité, à vous adresser au commissaire de surveillance, lequel doit avoir un registre ouvert aux plaintes du public.

Mais ce fonctionnaire n'est-il pas (bien que désigné par le gouvernement) *à la solde du chemin de fer*? Quelle anomalie!

Aussi, quelle indulgence pour l'administration! Il excuse toujours les fautes, et pour peu que vous insistiez, que voulez-vous faire au moment où la cloche annonce le départ du train? Rester en route pour verbaliser! Le choix est fort aimable.

Pour bien faire, un inspecteur devrait accompagner chaque convoi et avoir (à l'instar de la poste) un petit bureau ambulant où il pourrait consigner les plaintes plus ou moins fondées des réclamants, car n'est-ce pas un non-sens, si on n'a que quelques minutes pour s'arrêter, de les employer à chercher ce commissaire de surveillance, lequel, très-souvent est à déjeuner ou à lire le journal au lieu de vous écouter à son poste.

D'ailleurs, son uniforme, en tout semblable à celui des autres employés, à quelques nuances près, ne laisse pas voir au public quelle est la nature des fonctions qu'il remplit, et le public ignore quels sont ses droits de réclamation la plupart du temps.

On affiche bien dans l'intérieur des voitures quelques articles du règlement, mais on a le soin d'omettre cette faculté, pour le voyageur lésé, vexé ou insulté, de déposer sa plainte entre les mains de l'autorité.

C'est qu'en chemin de fer, *tout se passe en famille ! ! !*

Indépendamment de l'insuffisance du nombre, les employés pèchent le plus souvent du côté de la capacité ou de l'aptitude. Ainsi les mécaniciens, les chauffeurs, sont souvent maladroits ou insouciants.

Qu'attendre en effet d'hommes qui pour un modique salaire, exposent leur vie nuit et jour et cherchent à braver les intempéries de l'atmosphère, dans des libations qui troublent leur raison, au moment où le sang-froid et le calme leur sont le plus indispen-sables!

Qu'un aiguilleur aviné ferme les aiguilles mal à propos et il peut faire périr 5 à 600 *personnes!*

Qu'un garde-barrière laisse, par inadvertance, passer un cheval, une vache, un âne sur la voie, à l'instant où arrive le train, de là un *déraillement* avec ses suites incalculables et terribles!

Et les chefs de trains, et les serre-freins donc! Que peut-on imposer de plus à ces pauvres diables, si mal rétribués? des connaissances techniques et une prudence à toute épreuve! J'avais *huit cents francs par an!*

Une amende pourrait nous enlever tous les appointements d'une année et nous empê-cher de vivre, nous et notre famille! Aussi, après un accident, innocents ou coupables, on voit tous ces pauvres hères, plus à plaindre qu'à blâmer, souvent s'enfuir comme de vils criminels poursuivis par la justice divine.

En donnant ces emplois à d'anciens militaires, habitués à l'obéissance et à l'observance de la consigne ; en chassant les ivrognes et les mauvais sujets ; en payant enfin assez pour avoir des hommes intelligents, intéressés à bien faire, à mériter de l'avancement sous les yeux de leurs chefs, on économiserait des sommes considérables de dommages-intérêts.

Les Anglais, nos maîtres et nos devanciers, ne choisissent leurs mécaniciens et leurs chauffeurs que dans les grandes usines, et après un examen sérieux de leurs capacités et de leurs qualités morales, on les admet au surnumérariat. Bien trouvé !

Pour ce qui est de la police des gares anglaises et américaines, elle est faite par les *policemen*, véritables agents de l'autorité publique, chez qui les voyageurs trouvent toutes les garanties désirables, s'ils éprouvent le moindre préjudice.

De même que dans les théâtres, si vous avez à vous plaindre, il vaut mieux appeler un sergent de ville que de s'adresser au contrôle, l'Anglais, lésé dans ses intérêts, appelle le *policeman* et il en obtient immédiatement justice, pourvu toutefois que sa plainte soit fondée et raisonnable.

En résumé : ayez plus d'employés. Choisissez-les parmi des hommes intelligents et d'une moralité sûre ; payez convenablement, et *tout ira bien sur les meilleurs chemins de fer du monde !*

VII

LES BIBLIOTHÈQUES

Si l'ennui naquit un jour de l'uniformité, on peut dire qu'il renaît du voyage en chemins de fer.

A passer une journée entière à regarder une campagne qui fuit devant vos yeux, comme la poudre chasse une balle du fusil, on peut devenir aveugle ou au moins myope.

A lire et relire l'extrait du règlement affi-
ché dans un wagon, vous défendant de pen-
cher la tête à la portière, de descendre trop
tôt, etc., etc., il y a de quoi se rendre idiot
ou crétin.

A causer avec son voisin, on peut s'égo-
siller inutilement, à cause du bruit de la
locomotive et du ronflement des ressorts. Il
faut donc s'endormir ou lire : ce qui revient
parfois au même.

Or, si vous avez oublié d'emporter un livre charmant et amusant (*comme celui-ci, par
exemple!*), vous n'avez que la ressource d'en
acheter un à la gare : *A la bibliothèque des
chemins de fer.* C'est pour le coup que vous
allez être heureux !

Une brochure publiée récemment a criti-
qué le traité *Hachette* au point de vue de la
librairie, en général [1].

---

[1] *Du monopole de MM. Hachette et comp. pour la vente
des livres dans les gares de chemins de fer,* par M. Char-
pentier. — Paris, chez l'auteur éditeur, 28, quai de l'École.

Or, nous n'avons, nous, à critiquer ce monopole qu'au point de vue du touriste, car nous ne sommes pas libraire, Dieu merci!...

Vous voulez acheter un petit livre, d'un format portatif, dont la lecture ne dépasse pas le temps présumé du trajet à parcourir, dont l'impression soit d'ailleurs en caractères assez gros pour que le mouvement de la traction vous laisse la faculté de déchiffrer, sans que les yeux en souffrent beaucoup. Très-bien! voilà votre affaire : la *Bibliothèque des chemins de fer*.

Mais si vous avez déjà lu et relu les rares ouvrages de l'*éditeur privilégié* (ce mot nous ramène au bon vieux temps : *Nihil sub sole novum*); si vous préférez lire un ouvrage quelconque à la place des *Contes de Perrault* ou les *Vies de Cartouche et de Mandrin*, etc., ou vous ne le trouverez pas ou vous le payerez le *double* du prix courant. Tant pis pour vous! Il faudra vous contenter d'un journal de la *veille* ou de l'*avant-veille*, quitte à l'apprendre par cœur, à titre de passe-temps!

Avez-vous besoin d'un *Guide illustré*, d'un de ces livres si joliment écrits par Joanne? — Parfait! on vous le donnera, mais vous l'achèterez *au prix fort*, c'est-à-dire bien plus cher que dans un magasin de librairie[1].

Encore une atteinte à l'indépendance et à la bourse des voyageurs.

Ainsi, en France, sur un chemin de fer, il sera dit que vous ne pourrez ni manger, ni boire, ni lire un journal, ni acheter un livre, ni respirer un bouquet, ni vous rafraîchir d'une orange, ni donner un gâteau à votre enfant, ni, etc., etc., sans le concours ou la permission de la haute compagnie indus-

---

[1] Cela est si vrai, qu'en août 1850, un de mes amis partant pour la Suisse, avait acheté, chez Michel-Lévi, *un Guide*, moyennant 7 fr. 50 cent. Le malheur voulut que, dans la précipitation de son départ, il oubliât le livre chez lui. Pressé par l'heure du convoi, il racheta le même livre, même édition, même reliure, à la bibliothèque de la gare, et le paya 13 *francs!...*

Le fait est historique : — *Ab uno disce omnes.*

trielle, qui ne vous livrera que des aliments frelatés, des livres naïfs ou mal écrits, sauf un choix très-restreint des bons ouvrages connus et appréciés, mais, en revanche, que vous payerez *fort cher*, n'ayant pas le temps de marchander.

Tout le monde se rappellera à ce propos ce personnage d'une comédie, courant après sa femme : « Conducteur! vous reste-t-il une place dans votre voiture? — Il n'y a plus qu'une rotonde, c'est mal composé, mais... *vous aurez de la poussière!* »

Reste la ressource de l'*Indicateur*, volumineux cahier, sur lequel vous espérez étudier la marche du convoi qui vous entraîne; tout cela est *si bien* imprimé, si fin, si fin, si serré, si imperceptible, que je vous défie bien de vous y retrouver, à moins d'avoir, au préalable, acheté une grosse *loupe* sur le quai des Lunettes.

Encore un abus du monopole! Encore un de ces petits *carottages* indignes de compagnies aussi haut placées! Avouez-le, messieurs des comités!

Puisque nous en sommes aux révélations : savez-vous ce qu'un éditeur *privilégié* est obligé de faire, ou gracieusement, ou à titre de condition du marché? J'en ignore.

Un exemplaire de chaque volume publié ou mis en vente par la *Bibliothèque des chemins de fer*, est envoyé au siége de la compagnie. L'archiviste est chargé du soin d'en orner la bibliothèque de l'administration centrale. Seulement comme chaque administrateur ou chef de service emporte le volume chez lui, pour le lire à son aisé, en famille, jusqu'à ce qu'il le rapporte au bibliothécaire, les rayons de cette rare collection d'imprimés et de brochures offrent souvent ce qu'opère la machine pneumatique : *le vide*.

Mais console-toi, public, car c'est toi qui ménages aux employés, heureusement doués du goût de la littérature, *les deux sous* qu'ils auraient dépensés pour chaque volume, loué

dans un cabinet de lecture. A quelque chose
malheur est bon !

Tout ceci, nous le répétons, n'est écrit
qu'au point de vue des inconvénients qui
attendent le voyageur sur notre réseau de
chemins de fer, avant, pendant et après.

Si vous voulez mieux vous pénétrer de
l'abus criant d'un monopole qui pèse encore davantage sur le commerce libre, li-
sez la brochure citée plus haut, et un
cri d'indignation sortira de votre poitrine
d'homme.

Cette brochure, qui n'est pas seulement
un plaidoyer en faveur de la librairie française, contre une faveur injuste et scandaleuse, est encore une défense consciencieuse
et légitime des principes de notre droit national.

Je ne citerai qu'un passage comme intéressant plus particulièrement la société :

« L'Assemblée nationale de 1789, en abo-
lissant les monopoles qui avaient pendant si

longtemps étouffé la France les a ainsi définis :

« *Le monopole est un attentat contre la propriété et la liberté de tous ceux qui n'en jouissent pas.*

« Or, ces monopoles, qu'on abolissait en 1789, étaient nés de la barbarie et de l'ignorance des temps anciens. C'étaient les restes de l'esclavage et du servage, sous lesquels avaient tant gémi nos pères. On comprend dès lors qu'ils aient pu exister. Mais aujourd'hui, quand l'industrie est affranchie de tous les côtés; quand les barrières élevées contre elle entre tous les peuples s'abaissent; quand la notion, le sentiment de la justice, de l'égalité, pénètrent partout, aujourd'hui s'emparer d'un monopole, c'est-à-dire de l'industrie de chacun ou des débouchés qui en font la valeur, par conséquent de sa fortune et de celle de ses enfants, c'est un attentat qu'on pourrait définir encore plus rigoureusement qu'en 1789. »

Si cet extrait, tiré de la brochure d'un auteur pratique, vous mettait en goût de la lire
un jour en voyageant, hâtez-vous, lecteurs,
de l'acheter le matin de votre départ au prix
de *trente centimes*, car il est douteux que,
même en offrant le double du prix, vous la
trouviez à la *Bibliothèque des chemins de fer*.

VIII

LES TRAINS DE PLAISIR

Les feuilletonnistes, chroniqueurs de journaux et vaudevillistes ont fait tant de plaisan-
teries, les caricaturistes ont tellement *chargé*
sur les trains *dits* de plaisir, que les compagnies ont cru pouvoir, malgré la récente loi
sur les titres et les noms, changer la déno-
mination de ce genre de convois spéciaux.

On ne dit plus trains de plaisir, mais
VOYAGES A PRIX RÉDUITS...

Il en est de cette métempsycose comme de tout ce qui, en France, change d'appellation, pour demeurer toujours la même chose : l'Assemblée nationale a supprimé les procureurs, vite la République a créé les avoués ; la Restauration a aboli les *droits réunis* et la *conscription*, mais comme il est assez difficile pour un État de se passer d'impôts et d'une armée, cette même Restauration octroya au pays les *contributions indirectes* et la loi du *recrutement*.

Partant, les administrations de chemins de fer ont fait cette réflexion : supprimer les trains de plaisir c'est nous priver d'un bénéfice prélevé sur la *bêtise humaine* ou la crédulité publique, formons les voyages à prix réduits.

Cet abaissement de tarifs n'est que spécieux et frappe sur les classes pauvres et laborieuses, comme les restaurants à vingt-deux sous trompent la faim du pauvre consommateur, qui, pour un franc, trouverait dans une gargote une nourriture plus saine et plus solide.

En effet, quelle est la personne aisée, sinon riche, qui se hasarde à prendre ces convois fallacieux?

Il n'y a qu'un modeste employé, un courtaud de boutique, que le désir effréné de *voir la mer*, d'assister pendant une heure à une partie de *trente ou quarante*, ou voir jouer à la *roulette*, qui puisse se résigner à partir à onze heures du soir, pour arriver le lendemain à midi seulement aux lieux tant de fois rêvés, et en repartir le soir même à neuf heures. — Récapitulation algébrique : sur *trente-six heures* dépensées dans ces pérégrinations d'agrément, *vingt-six heures* sont employées *en seconde classe, aller et retour*; *dix heures* à se promener sans manger ni boire (si on veut voir quelque chose). — Total égal : *trente-six heures.*

Quant à ces petits voyages du dimanche matin au dimanche soir, pour aller visiter

une résidence impériale, une forêt, un châ-
teau en ruines, dans un rayon d'une vingtaine
de lieues, c'est encore plus gênant, et relativement plus sujet à faire dépenser de l'argent
à des écoliers en vacances d'un jour, ou à un
soldat en permission.

Quelle anomalie présente notre pays, ter-
roir du *bon marché !*

En Belgique, en Allemagne, en Angleterre,
le prix des places pour les environs d'une
grande ville, pour toutes les banlieues, est
réduit les dimanches et les jours de fêtes, afin
que le peuple puisse jouir de la locomotion,
comme les classes privilégiées toute la semaine.

Chez nous, au contraire, *on augmente*, ces
jours-là, le prix des places pour les ouvriers,
les artistes, les petites gens, qui aspirent à
fouler l'herbe des bois de Boulogne, de Vin-
cennes et autres localités limitrophes de Paris et ses annexes suburbaines.

Mais, en revanche, on a créé les voyages à

prix réduits ! Si vous interrogez un chef d'exploitation ou du trafic, il vous répondra que la compagnie *y perd*.

Même problème résolu que pour les banques des jeux publics aux eaux. Chaque année les *pontes* emportent des sommes incommensurables au tapis vert. M. G..., plus ou moins Espagnol, M. K..., plus ou moins Russe, ont empoché des millions, et le même chiffre de millions est distribué, à la fin de chaque année, aux heureux actionnaires de ces banques toujours si malheureuses au jeu !

Ces pertes immenses sont annoncées dans les journaux, et fournissent les sujets des feuilletons et des brochures, certainement fort spirituels, dont les banquiers se font des *boniments* pour attirer les petits joueurs, qui eux ne gagnent jamais !... Voilà tout le *mystère dévoilé*, n'achetez pas de livre pour cela.

Avouons, d'ailleurs, que ces trains de plaisir qui transportent des caravanes de voyageurs des deux sexes à Bade, à Hombourg, à Wiesbaden, à Spa, à Aix-la-Chapelle, à Genève, etc., etc., servent admirablement ces entreprises de jeux publics, se gorgeant de l'or des fils de famille, des pères prodigues, des courtisanes, etc.

Les chemins de fer, en *rapprochant* les distances et en permettant ainsi à tout le monde d'approcher ces antres de ruines et de suicides que n'approchait jadis que la classe riche, ont singulièrement élevé le revenu de la *cagnotte*.

Aussi a-t-on bâti des palais, des salles de concerts, de spectacles, rivalisant avec les cours souveraines, par le luxe et les richesses, où vous convient sans cesse les affiches de *voyages à prix réduits*, ce qui laisse au moins dans la bourse des victimes de quoi voyager *en première classe sur le tapis vert*, cet océan qui engloutit tant de fortunes, tant d'économies, tant d'espérances d'avenir, de jeunesse et de bonheur.

Lorsqu'un jour je pénétrai dans ces *hells*, ou enfers mondains, je vis plus d'un poëte, d'un homme de lettres distingué, reperdre au jeu ce qu'il avait reçu du banquier, payant fort généreusement un livre ou une série d'articles vantant son dangereux établissement.

Ce banquier est né malin, et sans avoir créé le vaudeville, il sait fort bien que *ce qui vient de la flûte retourne au tambour...*

Quant à tous les gens de lettres, journalistes, compositeurs, artistes, ils voyagent *gratis* aux frais du chemin de fer. C'est une juste réciprocité : le banquier procure des voyageurs à la compagnie, en les attirant par des fêtes splendides, des *steeple-chases*, des spectacles et concerts; et le chemin de fer lui amène des *pontes*... (Ce mot argotique fait trembler ma plume, il me semble d'ici voir un homme échevelé, les yeux rouges de sang, les habits en désordre, emprunter à un croupier de quoi acheter un pistolet et des balles, sa dernière acquisition dans ce *bazar* qu'on appelle la vie.)

J'ai parlé des artistes, c'est encore ici qu'on va juger de la justice distributive qui préside aux faveurs de la *gratuité*.

Un de mes parents, attaché à un secrétariat général[1], me racontait souvent qu'après avoir accordé généreusement à de pauvres acteurs ambulants, à des musiciens allant grossir l'orchestre d'une de ces villes d'eaux, l'insigne faveur du *déclassement* (qui consiste à permettre à celui prenant un billet de troisième de monter en seconde, ou de seconde en première), on donnait, non pas la *demi-place*, mais la place *entière*, *aller et retour en express*, aux cantatrices les plus opulentes, aux comédiens les plus en renom, aux artistes les plus riches.

Passe encore pour ces *richissimes* comé-

---

[1] C'est de lui, par conséquent, que je tenais mon chétif emploi.

diens de grande renommée, ces chanteurs ou ces cantatrices de premier ordre, qui vont exécuter les pièces dont la primeur est offerte grassement au public des maisons de jeu. Les compagnies prétendent que c'est *du commerce*, comme présentant un appât de plus aux touristes.

Mais on me citait l'une des actrices d'une de nos grandes scènes, laquelle reçoit une fois par semaine, dans une magnifique *villa*, ses amis et connaissances.

M. Z..., médecin en chef d'une compagnie de chemin de fer, se trouve être en même temps le docteur de la célèbre comédienne. Il y conduisit un jour, à une matinée musicale, M. Y..., membre d'un comité de direction, ancien avocat, et dont la galanterie est incontestable et incontestée (elle remonte au premier empire).

Par malice, l'amphitryonne lui demanda une passe *permanente* sur sa ligne. Il ne put lui accorder cette grâce perpétuelle et viagère, mais, à quelques jours de là, la dame, se mettant en tournée, obtint un *permis* gratuit pour elle ET SA SUITE.

Elle aurait pu rencontrer en route madame Ristori, la célèbre tragédienne, laquelle avait sollicité aussi la *demi-place* pour sa troupe, revenant d'Italie ou de l'Allemagne, peu importe, et on lui avait accordé le DÉCLASSEMENT pour tous !

Or, même en usant de cette libéralité hors ligne, des acteurs n'ont pas toujours le moyen de payer une place de seconde classe, pour monter en première, et encore il est douteux qu'avec un billet de déclassement on vous admette en *express-train*, puisque cela est interdit aux billets de demi-place. Il faut donc prendre un convoi *omnibus*, autre genre de supplice pour des gens qui ont à conserver la fraîcheur de leur voix.

On n'a jamais pu comprendre pourquoi il n'est permis, dans un pays *démocrate*, qu'à l'homme opulent seul de ne mettre qu'une vingtaine d'heures à parcourir un long trajet, tandis que l'employé, le commis-voyageur, le négociant, des familles entières, qui sont obligés d'économiser quelques napoléons sur un voyage nécessaire, indispensable et fréquent, doivent mettre *trente-six heures* à faire le même parcours. Beau monopole !

On économise *vingt francs*, mais on fait *deux repas* de plus en route, et on arrive tellement fatigué, essoufflé, harassé, assiégé par le sommeil, qu'il est physiquement impossible, au lieu de destination, d'employer la première journée à ses affaires. Elle est consacrée toute au repos.

Aussi, stupide animal, que ne voyages-tu seulement pour ton plaisir ! Tu n'éprouverais aucun des déboires dont tu viens te plaindre, comme si les chemins de fer avaient été inventés pour ta commodité et ton bien-être ! Fais mettre ta complainte en musique par M. Rossini.

Cependant cela ne veut pas dire que les

trains *dits* de plaisir soient meilleurs que les *mixtes*, les *semi-directs* ou les *omnibus*. Il n'y a que la différence de payer relativement plus cher, comme c'est démontré plus haut.

Il n'y a vraiment qu'un seul voyage à prix réduit qui réponde à son titre, c'est celui, par exemple, qui consiste à transporter de Paris à Londres, pour la *great exhibition*, moyennant *cent francs*, les industriels et les curieux et à les ramener de Londres à Paris, dans l'espace d'un mois. Là au-moins existe une chose utile que nos compagnies devraient imiter pour tous les voyages d'*agrément*, qu'un auteur a légitimement surnommés voyages de *désagrément*.

IX

LES GARES D'ARRIVÉE

Enfin, après avoir été ballotté, serré, échauffé et presque affamé pendant une nuit et un jour, vous approchez de votre point de destination! La gare du départ est, comme disent les marins lettrés, le lieu : *a quo!* celle d'arrivée, le lieu : *ad quem!*

C'est à ce moment que le chauffeur, pressant les pistons de toutes ses forces énergi-

ques et humaines, vous fait entendre un sif-
flement aigu dont le bruit n'a rien d'humain.

Combien de fois n'ai-je pas entendu les
voyageurs s'écrier :

Pour qui sont ces serpents qui sifflent sur nos têtes !

Au fait, Oreste, poursuivi par les Eumé-
nides, n'était pas plus effrayé, j'en suis certain.

Le *cornet à bouquin,* ou *trompe* barbare du
garde-ligne, répond à ce festival peu aimé
des auteurs dramatiques. Le train s'arrête à
environ un kilomètre de la gare.

Nouveau retard, au moins inutile. Au lieu
de faire comme les Anglais, qui profitent de
la dernière station pour faire entendre ces
mots : « *Your tickets !* » on va à chaque
portière s'écrier : « *Préparez vos billets de
place !* »

Or cette opération demande au moins
quinze à vingt minutes, et prolonge d'autant

un voyage déjà assez fatigant par la secousse, la vapeur, le charbon, l'insomnie et autres gentillesses.

Enfin la machine ralentit le mouvement; vous êtes arrivés. Le premier sentiment qu'on éprouve consiste à remercier la Providence de n'avoir essuyé aucun accident en route; et il y a de quoi, en effet, remercier Dieu! Quant à moi, je n'ai jamais pu m'empêcher en apercevant le débarcadère de faire un signe de croix!...

Chacun reprend dans la voiture ce qu'on lui a permis si parcimonieusement d'emporter : qui un petit sac de nuit, qui un panier de vivres, qui un parapluie et une canne. Vous descendez, juste au moment où la locomotive imprime un mouvement de *recul* à tout le train et vous expose à tomber le visage en plein sur la dalle. Autre genre d'agrément contre lequel on doit se mettre en garde.

Puis vous entrez dans la salle d'attente,

jusqu'à ce qu'on vous ouvre celle des bagages.

Encore une heure à attendre! entre deux portes, debout, si vous n'êtes pas assez heureux pour saisir le bout de banc en bois qui offre *six* places à *six cents voyageurs*. Juste un pour cent! Un joli dividende!

Enfin les deux battants de la salle des bagages s'ouvrent, vous y entrez, votre bulletin à la main.

Je dis votre bulletin à la main, car si vous avez égaré ce fétu de papier, les formalités qu'il y aura à remplir, seront, sachez-le bien, longues et coûteuses.

Lorsque, dans la bagarre du départ, une erreur du commis-enregistrant ou du facteur-pesant a pu se glisser, malheur à vous! trois fois malheur!!!

Par suite d'un de ces *quiproquos* fréquents, j'ai vu une jeune et jolie femme, *tout en pleurs*, réclamant ses cartons et ses malles, remplis d'objets de toilette, de la dernière mode sans doute. — On lui offrait en échange : devinez quoi? Un équipement, au grand complet, d'un sous-officier de cuirassiers, avec le sabre et les pistolets d'arçon !...

L'employé, peu touché de ces larmes échappées des plus beaux yeux que j'aie jamais vus, répondait stoïquement : « Il y a erreur de numéros, assignez la Compagnie en dommages-intérêts. *Il y a des juges à Berlin!* »

A ce propos, un petit conseil en passant : si vous avez perdu votre bagage ne vous fiez pas à cette mention mise sur le bulletin : « que la Compagnie, en cas de perte, ne répond que de *cent cinquante francs* pour une *malle; cinquante francs* pour un sac de nuit, etc., etc. » La jurisprudence des tribunaux a, depuis longtemps, repoussé cette prétention absurde, par le motif qu'un bulletin, remis au moment du départ, ne constitue pas un contrat synallagmatique accepté par le voyageur. Une administration ne peut pas tenir dans ses mains *la poire et le couteau.* Aussi les juges, qui ne siégent pas à Berlin, mais à Paris et dans toute la France, allouent, *après un bien long procès,* le montant d'une juste réparation.

En attendant le jugement, vous avez le loisir de demeurer six mois ou un an avec une seule chemise sur le corps et un habillement de voyage pour tout vêtement. Allez, vous n'êtes pas au bout de vos peines. Vous représentez votre bulletin d'enregistrement au préposé. Arrive alors le commis de l'octroi. Ce n'est pas le tout d'avoir subi à la frontière la visite de la douane, d'avoir replié vos effets tout froissés par les mains calleuses du gabelou et refermé vos malles avec effort; il faut tout rouvrir, tout étaler de nouveau, et cela pour prouver que vous n'avez *rien à déclarer qui soit sujet aux droits.*

On déclare toujours qu'on n'a pas eu l'idée de fourrer dans la poche d'un habit, au fond d'une malle, une caisse de pâtés de foies

gras, un homard ou des huîtres d'Ostende!
Alors le commis trace à la craie blanche un
signe cabalistique sur chaque colis, et un
facteur s'en empare. Cet autre facteur étant
payé par l'administration vous doit toujours
son service *gratis*. Mais l'usage du *pourboire*
est passé autant dans les habitudes que les
doubles guides des postillons, au temps jadis, n'en parlons plus.

Encore une heure de perdue! Quand vous
avez tant de hâte d'arriver chez vous pour
vous mettre au lit.

Mais, objectera-t-on, tout cela est la loi :
Dura lex... Oui, c'est la loi et les prophètes.
Mais alors pourquoi, en Angleterre, ce travail se fait-il en un clin d'œil, sans erreur,
en présence des *policemen*, qui savent si bien
faire peur aux *pick-pockets*?

Vous courez à l'omnibus; il est complet
ou déjà parti! Vous voulez prendre un fiacre?
Pour cela il faut abandonner tout votre bagage sur la voie publique, à moins d'appeler

un gendarme et de le préposer à la garde de vos effets, tandis que vous chassez à courre le véhicule, aussi difficile à atteindre que *M. Jud* (un voyageur en chemin de fer d'une autre espèce).

À moins que les garçons d'hôtel qui attendent les voyageurs, dans des voitures spéciales, n'aient reçu, chacun d'un compère, un de vos colis et ne l'emportent en votre absence, sans vous consulter.

Ainsi, j'ai vu une famille anglaise, dont le bagage se montait à sept ou huit colis, tandis que le père courait après une voiture, la malle d'une de ses filles partait pour l'hôtel du *Louvre*, une autre au faubourg Saint-Germain, celle-ci dans l'omnibus de la Bastille, celle-là allait au Gros-Caillou, etc., et le malheureux fut obligé, pendant trois jours, d'aller à la recherche des objets adirés, avec le concours d'un interprète et du commissaire de police !

Comme il a dû dire : *shocking !* Comme il a

dû bénir l'invention des chemins de fer, dont ces braves insulaires revendiquent la gloire pour leur pays initiateur!... *Suum cuique!*

Et remarquez bien ceci : Je ne vous raconte *qu'une millième* partie des tribulations de cette race errante de *touristes* voyageant pour son agrément ou ses affaires.

Interrogez maintenant les négociants, les expéditeurs du commerce, et ils vous rediront comme quoi, privés aujourd'hui de la concurrence utile des commissionnaires de roulage, ou des messageries, des voies de transport par terre et par eau, ce qu'il leur faut endurer du retard dans l'arrivée des marchandises, au point de regretter le service accéléré ou l'ordinaire; des avaries, et enfin d'une augmentation dans les tarifs de transports, qui ruinent un grand nombre d'industries ou les réduisent par des frais considérables à un état de marasme tendant à tuer le négoce national et à protéger l'importation étrangère.

Espérons que le gouvernement en France, si soucieux des intérêts du pays en général et des existences individuelles en particulier, continuera son œuvre de surveillance et d'améliorations qu'il a bien commencée et qu'il étudie encore.

Si la vapeur a rendu un immense service à la civilisation, il lui faut encore qu'elle procure un peu de bien-être à ces pauvres voyageurs. En un mot le souvenir des *coucous* et des *pataches* n'a pas empêché de réglementer les voitures publiques qui les ont remplacés. Espérons, Dieu est grand! et puissé-je, comme Mahomet, être un peu son prophète!

CONCLUSION

De tout ce qui vient d'être lu, que faut-il induire?

Est-ce par hasard que la France n'aurait pas dû, dans un siècle de progrès et de lumières, profiter d'une admirable découverte?

Ce serait plus qu'un sophisme, ce serait un blasphème.

D'autres écriront que le monopole, puisque

monopole il y a, n'aurait dû appartenir qu'à l'État, comme le service des postes, les lignes télégraphiques, etc. C'est une des plus hautes et graves controverses que ma plume trop flexible n'oserait même toucher, sans craindre de se briser contre un rocher ardu.

Si le monopole est une *nécessité inexorable*, on doit l'entourer de précautions, de conditions préalables, *sine quâ non*, en un mot de ce qu'on appelle : les *cahiers des charges*, plus en harmonie avec les besoins du public qu'on sert si mal pour son pauvre argent!

Voyez les théâtres : c'est aussi un privilége, un monopole. Mais l'autorité ne veut pas que ces lieux de plaisir dégénèrent en des lieux d'abus, de vexations, d'immoralité! que le public payant s'amuse pour le prix qu'il apporte au bureau ; qu'il enrichisse les directeurs, et fasse vivre ces nombreuses pléiades d'artistes : c'est fort bien! Mais que le public ne soit ni volé, ni molesté, ni blessé, ni brûlé vif, ni choqué dans sa pudeur et ses mœurs, ni exposé à un pugilat entre les spectateurs, c'est le droit de l'autorité, et ce droit est respecté de chacun de nous tous les soirs.

A présent que mon livre est fini, lecteur, remettez-le dans votre sac de nuit, et *bon voyage! Welcome!*

FIN.

TABLE DES MATIÈRES

PARIS. — IMPRIMERIE SIMON RAÇON ET COMP., RUE D'ERFURTH, 1.

PARIS. — IMP. SIMON RAÇON ET COMP., RUE D'ERFURTH, 1.